어린이 경제 교육 동화

자본주의
편의점

자본주의 편의점

1. 돈과 신용

정지은·이효선 글
김미연 그림
이성환 감수

가나

　여기 어떤 어린이도 그냥 지나칠 수 없는 특별한 편의
점이 있습니다. 편의점이 특별하면 얼마나 특별하다고 그
러냐고요? 단언컨대 여러분 중 그 누구도 이 편의점을 보
면 절대로 그냥 지나치지 못할 겁니다. 그 이유는 바로
돈! 이 편의점의 문은 커다란 돈으로 만들어져 있기 때문
입니다. 문을 열고 들어가면 천장에서는 돈이 팔랑팔랑
쏟아지고 진열대의 물건들은 반짝반짝 빛이 나는 이곳은.

어서 오세요,
여기는 돈 이야기가 가득한
자본주의 편의점입니다.

도전, 신용 카드 사용기

돈이 없으면 돈을 만들면 되잖아!

고금리 12살

충동적인 소비왕. 사고 싶은 물건은 당장 사야 직성이 풀리는 성격이라 용돈은 늘 금방 바닥이 난다. 한정판 물건을 보면 친구에게 돈을 빌리는 것도 망설이지 않는다. 돈을 쓸 때는 '오늘!'을 외치지만 돈을 갚을 때는 '내일!'을 외치는, 미래보다는 지금이 더 중요한 어린이.

오동동 12살

금리의 친구. 절약 정신이 투철해 한 달 용돈을 받으면 은행에 저금부터 한다. 돈을 친구처럼 소중히 대하며, 입버릇처럼 '돈, 돈' 한다고 해서 '오돈돈'이라는 별명을 가지고 있다.

고이득 9살

고금리의 남동생. 돈 쓰는 것을 좋아하는 만큼 모으는 것도 좋아한다. 돈에 대한 호기심이 많아서 실수를 저지르기도 하지만, 미래에 부자가 되고 싶다는 꿈이 있다. 기분이 좋을 때는 언제 어디서나 춤을 춘다.

정하라 9살

고이득의 친구. 수학 학원에서 이득이와 함께 뒤에서 1등을 앞다투고 있다. 발표는 좋아하지만, 숫자와 계산에는 약하다. 돈에는 관심이 별로 없고 슬라임을 좋아한다.

조지 워싱턴 **나이 추정 불가**

자본주의 편의점의 주인 할아버지. 은빛으로 반짝이는 뽀글뽀글한 파마머리가 인상적이다. 언제 어디서 나타날지 아무도 모른다. 경제 고민이나 궁금증이 있는 어린이 손님들을 늘 반갑게 맞이한다.

만 원만 빌려줘

"야, 고금리!"

집에 갈 준비를 하던 금리가 고개를 돌리니 옆 반 친구 동동이가 문가에서 씩씩거리며 노려보고 있었다.

눈이 마주치자 동동이는 교실을 가로질러 금리에게 향했다. 덩치가 큰 동동이가 쿵쿵, 발소리를 내며 다가오는 모습은 마치 영화 속에 나오는 괴수나 공룡 같았다.

"동동아, 왜?"

금리가 영문을 몰라서 묻자 동동이는 쩌렁쩌렁 소리치며 화를 냈다.

"왜냐고? 네가 오늘 아침에 돈 갚는다고 해 놓고 안 갚았잖아!"

"돈?"

"그래, 돈!"

동동이의 말에 금리는 퍼뜩 어제 동동이에게 돈을 빌렸던 일이 생각났다.

어제 금리는 하교하는 길에 게임 커뮤니티에서 신상 아이템이 나왔다는 글을 보았다.

'신상인 데다가 한정판이라고? 당장 사야 해!'

아이템을 사려면 기프트 카드를 사야 하는데 금리는 이미 용돈을 몽땅 써 버린 후였다. 주머니와 가방까지 탈탈 털어 봐도 아무것도 나오지 않았다.

'무슨 방법이 없을까?'

골똘히 생각하는데, 마침 하교 중인 동동이가 보였다. 금리는 동동이에게 헐레벌떡 뛰어갔다.

"동동아! 너 혹시 지금 만 원 있어?"

동동이는 갑자기 나타나서 돈 얘기를 하는 금리를 이상하다는 듯 쳐다보며 대답했다.

"응, 은행에 저금할 5만 원이 있긴 한데."

"그 돈 나 빌려주면 안 돼? 내가 정말 급하게 만 원이 필요해서 그래."

"안 돼. 엄마가 올해 한 달에 5만 원씩 저금하면 내년에 용돈 더 준다고 했단 말이야. 한 번이라도 어기면 끝이랬어."

단호한 거절이었다. 그러나 금리는 동동이 앞을 가로막고 매달리며 사정했다.

"동동아, 지금 만 원 빌려주면 내일 아침에 꼭 갚을게. 제발 나 좀 도와줘."

"안 돼. 그리고 나 5만 원짜리란 말이야."

"그럼 5만 원 빌려줘! 내일 5만 원으로 갚을게."

"그래도 안 돼."

"오동동! 우리 우정이 그 정도밖에 안 돼?"

금리가 절박하게 외치자 동동이도 고민이 되었다.

'급해 보이는데 그냥 빌려줄까? 근데 고금리 얘를 믿고 돈을 빌려줘도 되는 걸까……'

금리는 계속 막무가내로 돈을 빌려달라고 부탁했다. 동동이는 결국 붙잡고 늘어지는 금리에게 돈을 건넸다. 가방 속에서 5만 원을 꺼내 금리에게 건네며 힘주어 말했다.

"나한테는 정말 중요한 돈이야. 내일 아침에 바로 갚겠다는 약속 꼭 지켜."

"물론이지!"

금리는 동동이에게 돈을 받으며 큰 소리로 대답했다.

'맞아. 나 얘한테 돈을 빌렸었어. 그리고 뭘 했지?'

금리는 다시 기억을 더듬어 그 후를 떠올려 보았다. 기프트 카드로 신상 아이템을 산 것까지는 기억이 났는데 그 후의 기억들은 도통 떠오르지 않았다. 금리는 동동이를 바라보며 말했다.

"동동아, 미안해. 돈 빌렸던 걸 깜빡했어."

"깜빡했다고? 꼭 필요하다며 하도 부탁해서 빌려준 건데 돈 빌린 것 자체를 까먹었다고?"

금리는 문득 반 친구들이 지금 이 대화에 집중하고 있다는 것을 깨달았다.

'아, 창피해.'

금리는 오기가 나서 저도 모르게 세게 말했다.

"야! 갚으면 되잖아. 그렇게 돈, 돈 하니까 별명이 오돈돈이지. 치사하게 겨우 5만 원 가지고 이러는 거야?"

금리가 적반하장으로 나오자 동동이의 얼굴이 무섭게 변했다. 화가 많이 난 듯 토마토처럼 새빨개진 얼굴은 금방이라도 터질 것 같았다. 동동이는 잠시 심호흡하며 흥분을 가라앉힌 뒤 금리에게 말했다.

"고금리, 너 이제 **신용** 제로야. 내일까지 무조건 돈 갚아."

동동이가 엄청난 분노의 기운을 뿜으며 교실에서 나갔다.

신용 약속대로 돈을 갚을 수 있는 능력

신용은 상대방이 약속대로
돈을 갚을 수 있는 능력이 있다고 믿는 걸 말해.

신 + 용

信 믿을 신   用 쓸 용

우리는 신용 사회에 살고 있어.
많은 경제 활동이 신용으로 이루어지지.

신용은 거래를
결정하는 중요한
기준이야.

개인간
거래

대출

대출상담

신용 카드 결제

신용이 높으면 더 많은 경제 활동을 할 기회를 얻을 수 있어.
반대로 신용이 낮으면 많은 기회를 놓칠 수 있지.

시끌벅적했던 교실은 찬물을 뿌린 듯 조용해졌다. 금리는 민망한 마음에 머리를 긁적이며 말했다.

"친구 사이에 돈 좀 안 갚았다고 저러다니 너무 쩨쩨하네. 그치, 애들아?"

금리는 친구들이 맞장구를 쳐 주리라 생각했지만, 금리 편을 드는 사람은 아무도 없었다. 오히려 친구들은 자기들끼리 모여 속닥거렸다.

"고금리 쟤, 도서관에서 빌린 책도 계속 반납 안 해서 반으로 전화 왔었잖아."

"저번에 소풍 갈 때도 늦게 와서 우리 반만 늦게 출발했었지."

"쟤는 약속을 너무 안 지켜."

금리는 얼굴이 화끈거렸다. 동동이 때문에 반에서 자신의 체면이 너덜너덜 엉망이 된 느낌이었다.

집으로 가는 길에 금리는 크게 한숨을 쉬며 혼잣말을 했다.

"겨우 5만 원으로 그런 망신을 당하다니 억울해!"

금리의 말을 들은 걸까. 우르릉 쾅쾅! 하늘이 급격히 어두워지더니 천둥번개가 내리쳤다. 그리고 쏴아아 하고 소나기가 내렸다. 금리는 비를 피해 전속력으로 달리기 시작했다. 번개 때문에 눈앞이 번쩍번쩍했다. 그때였다. 하늘에서 무언가가 떨어지더니 엄청난 빛이 터져 나왔다.

"저게 뭐야!"

금리는 카메라 플래시처럼 빛이 쏟아지는 곳으로 다가갔다. 그리고 발견한 것은 돈, 커다란 5만 원짜리 지폐였다.

"뭐야, 돈이잖아!"

금리는 깜짝 놀라 두 눈을 비볐다. 다시 보니 커다란 5만 원짜리 지폐는 건물의 현관문이었다. 그 건물 위에는 이런 간판이 달려 있었다.

자본주의 편의점

'세상에! 돈으로 만들어진 문이라니. 이런 편의점은 난생처음이야. 친구들에게 자랑해야지!'

금리는 5만 원, 아니 현관문을 밀며 편의점에 들어섰다.

끼이익.

"오 마이 갓!"

편의점 안으로 들어간 금리는 입을 떡 벌리고 탄성을 질렀다. 편의점 천장에서는 지폐들이 팔랑팔랑거리며 쉴 새

없이 쏟아졌고 타다닥, 때댕! 지폐를 세는 소리와 돈통을 닫는 소리가 퍼레이드 음악처럼 울려 퍼졌다.

"세상에. 이게 다 뭐야!"

믿을 수 없는 광경에 금리는 넋을 잃고 두리번거렸다. 그러자 계산대에 서 있는 할아버지의 모습이 보였다. 할아버지의 외모는 편의점만큼이나 독특했다. 은빛으로 반짝이는 머리는 뽀글뽀글한 파마를 해 푸들 같았고, 옷도 어찌나 특이한지 화려한 레이스가 달린 셔츠에 청록색의 긴 턱시도를 입고 있었다. 할아버지의 옷 한쪽에는 금박으로 '자본주의 편의점'이라는 글씨가 새겨져 있었다.

할아버지는 금리와 눈이 마주치자 두 팔을 활짝 펼치더니 큰 소리로 외쳤다.

"맞아요. 제가 그 1달러의 사나이, 조지 워싱턴입니다!"

"네? 저기 우산통이요? 어디요?"

할아버지는 금리의 반응에 당혹스러워하며 스르륵 팔을 내렸다.

"절 알아본 거 아니었나요? 설마 절 모르는 건 아니죠?"

"혹시 연예인이신가요?"

"나를 모르는 사람이 있다니 충격, 충격, 대충격이군요."

할아버지는 기운이 빠지는 듯 한숨을 쉬더니 이내 빙그

르르 돌며 춤을 췄다.

"저는 조지 워싱턴이에요. 세계에서 가장 많이 사용되는 돈, 달러의 주인공이죠."

금리는 그 얘기를 듣고 고개를 갸웃했다.

"달러면 미국 돈이잖아요. 근데 미국 할아버지가 한국에는 어쩐 일이세요?"

할아버지는 금리의 질문에 웃으며 대답했다.

"한국도 **국가 신용**이 높아서 장사하기 좋다고 하던걸요. 특히 편의점이 잘된다고 해서 돈 벌러 왔어요."

금리는 신기하다는 듯 고개를 끄덕였다. 편의점 문부터 주인 할아버지까지 모든 것이 신기한 곳이었다. 금리는 손을 내밀어 천장에서 떨어지는 돈을 잡아 보았다. 그러나 지폐는 금리의 손이 닿자마자 신기루처럼 사라졌다. 할아버지는 떨어지는 지폐를 잡더니 웃으며 얘기했다.

"돈을 내고 물건을 가져갈 수는 있지만 돈을 가져갈 수는 없어요. 돈 벌려고 편의점 하지, 돈 주려고 하는 건 아니니까요."

그리고 금리의 실망을 달래듯 말을 덧붙였다.

"하지만 우리 편의점의 물건들은 특별하답니다. 어디에서도 못 볼 한정판이 많아요."

국가 신용 나라에도 신용이 있다고?

개인뿐만 아니라 기업과
나라에도 신용 등급이 있어.
한 나라의 신용을 표시한 등급을
'국가 신용 등급'이라고 하지.

목표는
AAA!

국가 신용 등급은 세계적으로 인정받는 신용 평가 기관인
미국의 '무디스', '스탠더드 앤드 푸어(S&P)', '피치' 등에서 평가해.
각 나라는 신용 등급을 올리기 위해 노력하고 있어.

AAA	신용도 매우 높음
AA+ AA AA-	신용도 높음
A+ A A-	신용도 양호

국가 신용은 나라를 안정적으로 잘 운영하고 있는지,
전쟁으로부터 안전한 나라인지, 빚이 얼마나 있는지 등을
기준으로 하지.

나라의 신용이 좋으면 그 나라의 기업이나
금융 기관의 신용 평가에도 좋은 영향을 줘.

신용 사회에서는
약속을 잘 지켜서
신용이 있는
사람이
되어야 해.

한정판이라는 말에 금리의 눈이 번쩍 뜨였다. 할아버지는 눈을 작게 뜨며 속삭였다.

　"저 안쪽에 한정판 삼각김밥이 있어요. 구경해 보세요."

　한정판 삼각김밥이라니! 할아버지의 말에 금리는 편의점 안쪽으로 빠르게 걸어가 코너 끝에 있는 거대한 삼각김밥 진열대를 발견하였다. 진열대에는 다양한 삼각김밥이 가득했는데 이름들이 하나같이 특이했다.

　'콩닥콩닥 삼각김밥, 으스스 삼각김밥, 투명투명 삼각김밥……'

　금리는 손을 뻗어 삼각김밥 하나를 집어 들었다. 바로 투명투명 삼각김밥이었다.

　'다 무슨 맛일지 상상이 안 되는걸. 이건 어떤 맛일까?'

　금리는 자기도 모르게 침을 꿀꺽 삼켰다.

　'왜 이렇게 갑자기 배가 고프지? 못 참겠어. 당장 먹어야 할 것 같아. 계산은 이따가 하고 일단 먹자.'

　금리는 삼각김밥 포장지를 휘리릭 벗겼다. 고소하면서도 먹음직스러운 냄새가 솔솔 올라왔다. 금리는 움직이는 손을 멈추지 못하고 삼각김밥을 크게 한 입 베어 먹었다.

　"앗, 이건!"

　투명투명 삼각김밥의 맛은 정말 오묘했다. 처음에는 참

치 마요 맛이 나나 싶더니 끝에는 불닭 맛 라면처럼 얼얼한 맛이 나면서 눈앞에선 빛이 번쩍거렸다.

"엄청나!"

금리는 삼각김밥을 우걱우걱 순식간에 전부 다 먹어 버렸다. 그러자 신기하게도 삼각김밥 포장지는 점점 투명해지더니 사라졌다.

'이래서 투명투명이라는 이름이 붙은 건가? 짜릿해! 신기해! 완전 내 스타일이야.'

금리는 이번에는 콩닥콩닥 삼각김밥을 집었다. 그리고 계산대로 갔다.

"할아버지, 투명투명 삼각김밥은 이미 먹었어요. 이것까지 2개 계산해 주세요."

할아버지는 콩닥콩닥 삼각김밥과 금리의 얼굴을 살펴보더니 웃으며 얘기했다.

"2개 해서 2만 원입니다."

"네? 삼각김밥 2개가 2만 원이라고요? 말도 안 돼."

"한정판이니까요. 결제는 뭐로 하실 건가요?"

아무리 한정판이어도 2만 원이라니 상상도 못한 가격이었다. 금리의 이마에서 땀이 삐질삐질 흐르기 시작했다. 지금 금리의 지갑에 있는 돈 전부를 합쳐도 2만 원은커녕 1만 원도 채 안 되었다. 정말 곤란한 상황이었다.

그때였다. 편의점 창문 너머로 지나가는 동동이가 보였다. 금리는 퍼뜩 좋은 방법이 떠올랐다.

"그래. 동동이에게 빌려 보자. 동동이는 오늘도 돈이 있을 거야. 어차피 돈 빌린 거, 2만 원 더 빌려서 7만 원으로 한 번에 갚으면 되잖아."

"할아버지, 잠시만요. 동동아!"

금리는 동동이를 부르며 편의점 밖으로 나갔다.

철컥.

편의점 문 밖에 펼쳐진 세상은 들어가기 전과 전혀 다른 곳이었다. 작은 골목들이 없어지고 여기저기에 처음 보는 큰 건물들이 서 있었다. 낯선 풍경에 금리는 당황했다.

"뭐지? 이게 무슨 일이지?"

금리는 방금 전에 자신이 나왔던 곳, 편의점으로 몸을 돌렸다. 그러나 편의점은 아까 먹었던 투명투명 삼각김밥 포장지처럼 사라져 있었다.

"편의점이 없어졌어! 뭔가 잘못된 게 틀림없어. 엄마한테 전화해야겠다."

금리는 급하게 주머니에서 핸드폰을 꺼냈다. 그런데 그

때 이상한 것을 발견했다. 금리의 손과 핸드폰으로 햇빛이 통과되고 있었다.

"히익! 소, 손이 왜 이러지? 투명해졌어. 아니, 온몸이 전부 투명해졌잖아!"

금리는 자신의 모습을 확인하기 위해 옆 건물의 창문을 보았다. 창문에는 거리의 모든 것이 그대로 비춰지고 있었지만, 딱 하나 금리만은 사라져 있었다. 금리는 불현듯 아까 먹은 투명투명 삼각김밥을 떠올렸다.

'맞아, 아까 삼각김밥 포장지도 사라졌지. 과학 시간에 빛이랑 투명 어쩌고도 배웠는데, 아까 삼각김밥 먹을 때 눈앞이 번쩍번쩍했잖아. 먹으면 투명 인간이 되는 삼각김밥이었던 거야. 그 편의점 정말 엄청난데! 아무튼 난 지금 투명 인간인 거야! 아싸!'

금리는 씰룩씰룩거리며 엉덩이 춤을 추었다. 그리고 신이 나서 지나가는 사람들을 보며 코딱지도 팠다.

'아무도 날 못 보지롱~.'

금리는 맨 처음 보이는 가구점에 들어가 판매용으로 전시된 침대 위를 팡팡 뛰어다녔다. 그리고 그 옆에 있는 문구점에 들어가 물건을 마음껏 만지며 구경했다. 그 후엔 지나가는 사람들 뒤에 바짝 붙어 그림자 흉내를 내며 놀았다.

그때였다. 한 건물의 대형 전광판에 뉴스 영상이 나오고 있었다.

〈2045년 세계 정상 회의, 다음 달에 대한민국에서 열려〉

"2045년이라고? 이게 무슨……. 그럼 지금 내가 있던 세상에서 얼마나 지난 거야. 20년?!"

금리는 몸이 투명해진 것도 모자라 무려 20년 뒤의 미래로 시간 여행을 한 것이었다.

'여기가 20년 뒤 세상이라니. 그럼 지금 내가 몇 살인 거지? 12살에 20살을 더하니까 세상에! 나 30살이 넘은 거야?'

금리는 자신의 얼굴과 몸을 이리저리 만져보았다. 그러나 몸은 빛이 통과될 정도로 투명한 것 말고는 그대로였다.

"휴우. 좀 투명해진 것 말고는 크게 변하지 않았어."

금리는 다시 거리를 둘러보았다. 20년 후의 동네라고 생각하니 달라진 풍경이 납득되었다. 달라진 동네를 구경하는데 익숙한 이름이 들렸다.

"오늘은 한국의 워런 버핏이라 불리는 분이죠. 오동동 씨를 모셨습니다."

다시 전광판을 올려다본 금리는 깜짝 놀랐다.

'저 얼굴은 오동동! 오동동이야!'

커다란 얼굴에 작은 눈, 오동통한 볼살까지. 빌린 돈을 갚으라며 난리를 치던 오동동이었다. 다만 동동이는 더 이상 초등학생이 아니었다. 하얀 셔츠에 검은 정장을 말끔하게 차려입은 어른의 모습이었다. 동동이가 자리에 앉자 사회자가 동동이에 대한 소개를 짤막하게 했다.

"오동동 씨는 2045년 현재 대한민국에서 가장 화제가 되고 있는 자산가이신데요. 수백억대 재산을 보유하신 걸로 추정되고 있습니다. 어떻게 그렇게 큰 부를 이루셨습니까? 혹시 재벌 집 막내 아들?"

사회자의 말을 들은 금리는 깜짝 놀라서 큰 소리로 외쳤다.

"뭐? 오동동이 부자라고? 수백억이라고? 쟤가 왜?"

이런 금리의 반응을 알 리 없는 전광판 속 동동이는 사회자의 질문에 호탕하게 웃으며 대답했다.

"하하. 재벌 집 막내 아들이면 좋았겠지만 저희 집은 평범한 집이었어요. 오히려 늘 아끼며 살아야 했죠."

"의외인데요. 그럼 어떻게 자산을 모으셨나요?"

"시작은 초등학교 때 어머니와 한 작은 약속부터였어요. 어머니께서 5학년 때 매달 5만 원씩 꾸준히 모으면 6학년 때 용돈을 더 주겠다고 하셨거든요."

"꾸준한 저축이 부의 비결이었군요. 어릴 때부터 돈의 소중함을 알면 부자가 될 가능성이 높아지죠."

사회자의 말에 동동이는 뭔가가 떠오른 듯 잠시 생각에 잠겼다. 그러더니 이야기했다.

"그리고 제가 초등학생 때 큰 깨달음을 얻은 일이 있었는데요. 돈을 흥청망청 쓰는 친구가 있었어요. 용돈을 하루 이틀 만에 다 써서 친구들에게 돈을 빌리고는 안 갚는 친구였어요. 저도 5만 원을 빌려주고 못 받았거든요. 제가 돈을 갚으라고 하니 그 친구가 그러더라고요. 치사하게 겨우 5만 원 가지고 그러는 거냐고……. 그 말이 저한테는 유난히 특별하게 다가왔던 것 같아요. 작은 돈이라고 무시해서는 안 된다는 걸 알았거든요. 돈도 친구처럼 소중히 대해야 한다는 것도요."

동동이의 말에 사회자가 웃으며 다시 말을 이었다.

"초등학생 때 벌써 그런 것을 깨달은 걸 보면 부자가 될 운명이셨던 것 같은데요. 꾸준함과 신용의 중요성을 그때 배우신 거군요."

"그렇죠. 다 커서는 우스갯소리로 우리 가족은 성실함으로만 따지면 **신용 점수** 만점일 거라고 할 정도였어요. 꾸준함을 중요하게 생각했죠."

신용 점수 신용에 점수가 있다고?

돈을 잘 갚을 사람인지 아닌지를 점수로 나타낸 것을
'신용 점수'라고 해.
얼마나 믿을 수 있는 사람인지 숫자로 나타내는 거지.

신용 점수는 은행 등의 금융 기관에서
개인의 신용을 판단하기 위한 참고 자료로 활용되고 있어.

신용 점수는 그동안 돈을 얼마나 잘 갚았는지를 평가해.
돈을 한 번도 빌리지 않은 사람보다 돈을 빌리고
잘 갚은 사람이 신용 점수가 더 높아.

[Web발신]
회원님의 대출금이 연체되고
있습니다. 가나은행

신용 카드와 체크 카드를
과도하게 쓰지 않고
적절하게 쓰고 있는지도
평가하지.

그리고 핸드폰 요금이나 공과금, 건강 보험료 등을
성실히 내고 있는지도 따져서 평가해.

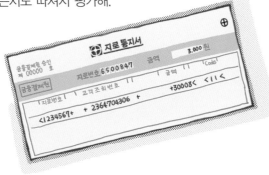

신용 점수는
약속을 얼마나
꾸준히
잘 지켰는지
보여 주는 점수야.

사회자는 흥미진진하게 이야기를 듣더니 대답했다.

"그럼 지금 아이들에게 알려 주고 싶으신 건 어떤 건가요? 역시 저축일까요?"

"네, 큰돈부터 모으려고 하면 힘들 수 있어요. 일단 작은 돈부터 차근차근 시작해 보라고 말해 주고 싶네요."

토크 쇼는 곧 광고 화면으로 돌려졌다. 토크 쇼에 나온 동동이를 보고 투명 인간이 된 것도 잊을 정도로 충격을 받은 금리는 멍하니 서 있었다.

'겨우 5만 원 안 갚은 걸로 뭐라고 한다고 동동이한테 짜증 냈는데 동동이는 그 돈을 모아 저렇게 부자가 되다니……'

그때 눈앞으로 또 다른 익숙한 얼굴이 지나갔다.

'어? 저 사람은 혹시?'

지나간 사람을 따라 시선을 돌린 금리는 한 카페 안에서 낯익은 얼굴들을 발견했다. 바로 어른이 된 반 친구들이었다. 친구들은 지금보다 키는 컸지만, 왁자지껄 이야기를 나누는 모습은 교실에서의 모습과 똑같았다.

'우와, 오늘 여기서 반 모임이라도 하는 건가? 여기서 미래의 나도 볼 수 있겠어.'

금리는 언제 충격을 받았냐는 듯 설렘 가득한 표정을 지으며 카페 안으로 들어갔다. 20년 후 친구들의 모습을 한

번에 볼 수 있다니 너무 신나는 일이었다. 어른이 된 친구들을 한명 한명 살펴보던 금리는 뭔가를 찾듯 두리번거렸다. 친구들 사이에 1명, 딱 1명이 없었다.

'내가 없어. 고금리. 난 어디 있는 거야?'

그때, 한 친구의 말에 금리는 가슴이 철렁했다.

"고금리는 안 불렀지?"

바로 옆에 있던 친구가 맞장구를 쳤다.

"당연하지. 아마 불렀어도 또 약속 안 지키고 늦었을걸? 걔는 약속 어기는 걸 미안해하지 않잖아."

이 말에 나머지 친구들도 모두 고개를 끄덕였다. 그리고 한마디씩 보태기 시작했다.

"고금리가 약속 어긴 적이 어디 한두 번이야? 초등학교 때부터 돈 빌리고 안 갚고 그랬잖아."

"중학교 때는 조별 과제에서 자기가 하기로 한 거 하나도 안 해서 우리 조 전부 최하점 받았어."

"맞아. 걔는 믿을 수 없어. 신용 제로!"

어른이 된 친구들은 바로 눈앞에 금리가 있는지도 모른 채 금리에 대한 이야기를 쏟아냈다. 가만히 듣던 금리는 속상한 마음에 발길을 돌렸다. 금리는 터덜터덜 걸어가며 깊은 생각에 잠겼다.

"내가 친구들이 만나기 싫어해서 반 모임에도 부르지 않는 그런 존재가 되다니."

금리의 눈에서 눈물이 뚝뚝 떨어졌다. 생각할수록 서럽고 속상했다. 눈물로 눈앞이 뿌예진 금리에게 익숙한 목소리가 들렸다.

"손님, 이제 돌아갈까요?"

'이 목소리, 어디서 나는 거지?'

금리는 서둘러 눈을 비볐다.

"손님?"

눈을 떠 보니 자본주의 편의점 안이었다. 편의점 할아버지는 싱긋 웃으며 금리에게 말했다.

"갑자기 밖으로 나가더니 이제야 들어오셨네요. 뭐 신기한 거라도 보셨나요?"

"신기한 거요? 네! 저 미래를 다녀왔어요."

"오우! 언빌리버블! 어떻던가요, 미래는?"

금리는 뭔가를 말하려다가 말을 삼켰다. 금리의 어깨는 기가 죽은 듯 축 늘어져 있었다. 금리의 대답을 기다리던 할아버지는 갑자기 빙글빙글 돌며 춤추기 시작했다.

"손님, 제가 누구죠? 1달러의 사나이, 조지 워싱턴이에요.

막막할 때면 돈에게 묻곤 하죠. 내가 뭘 해야 할까? 대답해 다오~ 돈돈~ 돈아~. 그러면 말이죠. 돈이 대답해 줘요. 일 단 이렇게 돌고 돌고 또 돌며 춤을 추라고요."

금리는 황당한 얼굴로 할아버지를 쳐다보았다. 할아버지 는 환하게 웃으며 계속 빙글빙글 돌았다. 그러자 신기한 일 이 일어났다. 할아버지가 돌 때마다 1천 원씩 생겼다. 할아 버지가 10번 돌자 1천 원은 10장이 되더니 1만 원으로 변했 고, 1만 원은 할아버지가 5번 돌자 5만 원으로 변했다. 할아 버지는 돌다가 멈춰서 공중에 둥둥 떠 있는 5만 원짜리 지 폐를 들었다.

"헥헥. 아이고, 어지러워라. 세상이 빙빙 도네요."

"그렇게 도니까 어지럽죠. 그나저나 할아버지, 돈이 생겼 어요!"

"돈? 그렇죠! 어디 보자. 5만 원이로군. 이 돈, 어떻게 생 기던가요?"

"천 원이 10장 모이더니 만 원이 되고, 만 원이 5장 모여 5만 원이 되었어요."

할아버지는 씨익 웃으며 이야기했다.

"미래는 이 돈과 같아요. 한 번에 완성되는 게 아니라 현 재의 하루하루가 모여 만들어지는 거예요."

할아버지의 이야기를 들은 금리는 고개를 끄덕였다. 그리고 활짝 웃으며 말했다.

"저도 오늘부터 달라질래요. 하루하루 달라져서 다른 미래를 만들겠어요!"

할아버지도 금리의 얼굴을 마주 보며 싱긋 웃었다. 그리고 중요한 질문을 했다.

"그럼 계산은 어떻게 할까요?"

"콩닥콩닥 삼각김밥은 안 살래요. 이미 먹은 투명투명 삼각김밥은 엄마한테 전화드려서 돈 갖고 와 달라고 부탁할게요. 이렇게 비쌀 줄 몰랐어요. 죄송해요."

"물건을 살 때는 가격을 꼭 보고 결정해야 해요. 오늘 우리 편의점에서 정말 비싼 공부하네요. "

계산하러 온 엄마에게 가격도 안 보고 물건을 샀다며 잔뜩 혼난 금리는 집에 도착하자마자 방으로 달려가 책상 서랍을 뒤졌다.

"하, 아무리 찾아봐도 2만 원이 다잖아. 내일 동동이한테 어떻게 돈을 갚지."

금리의 서랍에 있는 건 2만 원과 기프트 카드 1만 원, 그리고 장난감 몇 개뿐이었다.

"엄마한테 또 갚아 달라고 할 수는 없는데……. 일단 여기 있는 걸 다 챙겨가 보자."

서랍 속 물건을 몽땅 챙기고 잠이 든 금리는 다음 날 학교에 가자마자 동동이부터 찾아갔다. 동동이는 먼저 자신을 찾아온 금리를 보고 놀란 듯한 표정을 지었다.

금리는 동동이에게 말했다.

"동동아, 정말 미안해. 너한테 빌린 돈을 다음 날 갚기로 해 놓고 약속을 어겨서 말이야."

금리는 책상 위에 2만 원을 올려놓았다.

"이게 지금 내가 가진 돈 전부야. 2만 원밖에 없어."

그러더니 가방을 열어 물건들을 책상 위에 꺼내 보이며 말했다.

"대신 기프트 카드랑 장난감이 있는데 이걸로 대신하면 안 될까?"

동동이는 책상 위에 놓인 돈과 기프트 카드, 장난감을 보았다. 돈을 어떻게 갚을지 계획하는 금리의 모습이 이전과는 사뭇 달라 보였다. 하지만 동동이는 은행에 넣을 돈이 필요했다.

"나는 돈이 필요한 거야. 은행에 넣을 수 있는 **돈** 말이야."

"그럼, 내가 이걸 팔아서 돈이 생기는 대로 바로 갚을게!"

잠시 고민하던 동동이는 2만 원을 지갑에 넣으며 말했다.

"알았어, 마지막으로 믿어 볼게."

"응. 고마워, 동동아."

금리의 모습을 물끄러미 쳐다보던 동동이가 말했다.

"고금리, 나 궁금한 게 있어."

"뭔데?"

"너 뭔가 달라진 것 같은데 무슨 일 있었어?"

그 질문에 금리가 쑥스러운 듯 웃으며 대답했다.

"나 좀 달라 보여? 어제 특별한 곳에 갔었거든. 그리고 깨달았지. 돈도 그렇고 친구도 그렇고 신용을 지켜야 한다는 걸 말이야."

대답하는 금리의 표정이 어쩐지 어른스럽게 느껴졌다. 대답을 들은 동동이는 한 번 더 물었다.

"그걸 깨달은 곳이 어디라고?"

금리는 고개를 들고 또박또박한 목소리로 말했다.

"자본주의 편의점."

돈의 조건 돌멩이도 돈이 될 수 있을까?

돈은 우리 모두가 돈으로 쓰기로 약속했기 때문에 돈이 된 거야.
신용 카드, 휴대 전화 페이와 같은 디지털 화폐도
돈으로 인정하고 있지.

돈이 되기 위해서는 3가지 조건이 있어야 해.

① 교환의 매개
② 가치의 척도
③ 저장의 수단

물건과 서로 바꿀 수 있는 것이어야 해.
편의점이나 시장, 마트, 온라인, 오프라인 등
어디서든 제한 없이 사용할 수 있어야 하지.
이것을 '교환의 매개'라고 해.

물건의 경제적 가치를 화폐의 단위로 측정하고 비교할 수 있어야 해.
우리나라는 화폐 단위를 '원'이라고 정했어.
이것을 '가치의 척도'라고 해.

또, 모아 두었다가 나중에 사용할 수 있어야 해.
시간이 흘러도 변함없이 유지되어야 하겠지.
이것을 '저장의 수단'이라고 해.

상품권은 돈과 비슷한 역할을 하지만,
특정한 장소에서만 사용할 수 있어서 돈과는 달라.

나와라, 복사 돈!

'이상하다. 어디 간 거지? 4장이 있어야 되는데.'

고금리의 집, 한 남자아이가 무언가를 찾고 있다. 금리의 동생 이득이는 지금 자신의 9년 인생 중 가장 큰 미스터리를 마주하고 있었다. 그것은 바로 돈! 돈이 사라진 것이었다. 사건의 발단은 학원비였다.

오늘 아침, 학교에 가기 위해 현관을 나서는 이득이에게 엄마가 말했다.

"엄마가 출근하면서 식탁 위에 학원비 놓고 갈게. 이따가 학원 갈 때 가져가렴."

"네. 엄마! 돈 많이 벌어오세요!"

이득이의 말에 엄마는 웃으며 대답했다.

"쟤는 무슨 초등학생이 벌써 돈, 돈 하네. 하하."

다시 정신을 차린 이득이는 미간을 찌푸리며 식탁을 쳐다보았다. 학원비는 20만 원, 분명 엄마는 5만 원 4장을 두고 갔을 텐데 식탁 위에는 3장뿐이었다. 이득이는 혹시 몰라 식탁 아래와 의자, 소파 밑, 로봇 청소기 바닥까지 찾아봤지만 사라진 지폐의 흔적은 전혀 찾을 수 없었다. 지폐가 새처럼 날아간 것도 아닐 텐데 정말 이상한 일이었다.

"나한테 왜 이런 시련이 닥친 거야. 신이시여! 도와주시옵소서!"

이득이는 하늘을 향해 양팔을 벌리며 큰 소리로 외쳐 보았다. 그러나 아무 일도 일어나지 않았다. 이득이는 심드렁한 표정으로 일어난 후 다시 돈을 보며 고민하기 시작했다.

'아무리 찾아도 없어. 엄마랑 아빠한테 전화해 볼까?'

하지만 지금은 부모님이 일하시는 중이라 통화가 안 될 시간이었다.

'아, 금리 누나한테 전화해 볼까?'

이득이는 금리에게 전화를 걸었다.

"누나! 나 지금 학원 가야 되는데 학원비가 없어졌어."

"뭐? 돈이 없어졌다고? 돈이랑 신용이 얼마나 중요한데 그걸 잃어버려! 너 그러다가 나중에 친구들 모임에 초대도 못 받는다."

'평소에도 이상하지만 오늘따라 더 이상한 소리를 하네. 정말 도움이 안 되는 시스터야.'

이득이는 알 수 없는 말을 하는 금리의 전화를 끊어 버렸다. 별수 없었다. 이제 이 일은 오롯이 이득이 혼자서 해결해야 했다.

"무슨 좋은 방법이 없을까? 좋은 방법…… 아!"

이득이가 초조한 마음에 발만 동동 구르던 그때, 소파 탁자 위에 있는 아빠의 서류가 눈에 띄었다. 그리고 이득이의 머릿속 전구에 반짝 불이 켜졌다. 얼마 전에 아빠가 사 온 프린터가 생각났기 때문이다.

"프린터에 종이를 넣으면 똑같이 복사되잖아. 바로 그거야!"

이득이는 아빠의 서재로 달려갔다. 그리고 전원을 켠 후 프린터 위에 5만 원 1장을 올렸다.

"어차피 지폐도 종이지요~. 지폐를 복사해 주세요!"

신나서 복사하려던 이득이는 잠시 멈칫했다.

'잠깐. 이래도 되나? 음…… 모르겠다. 일단 학원 가는 게 중요하니까 복사 시작!'

이득이는 웃으며 꾸욱, 양면 컬러 인쇄 버튼을 눌렀다. 프린터는 지이잉 하는 소리를 내며 돈을 복사하더니 곧이어 종이를 뱉어 냈다. 복사해서 나온 종이는 누가 봐도 돈, 돈이었다.

"푸하하. 문제가 해결됐어! 진짜 돈이랑 똑같잖아. 역시 난 천재?"

이득이는 뿌듯해하며 출력된 종이 돈을 들었다. 5만 원 1장을 5만 원 2장으로 만들다니 너무너무 짜릿했다.

"이왕 돈 복사할 거 여러 장 하자. 5만 원보다 50만 원이 더 좋잖아! 그리고 복사하는 동안 종이 돈을 잘라야지. 이렇게 해서 완벽한 돈을 만드는 거야."

이득이는 프린트 개수 조작 버튼에 손을 댔다. 그리고 큰 소리로 외쳤다.

"개수는 10장, 아니 100장이면 500만 원이잖아? 부자가 되는 거야! 으하하."

프린터는 바쁘게 복사한 돈을 쏟아 내기 시작했다.

이득이는 복사한 돈으로 가득한 책가방을 메고 학원에 갔다.

'돈을 이렇게 많이 들고 다니는 애는 나밖에 없을 거야. 히히. 수업 마치면 얼른 학원비 내고 나머지 돈으로 맛있는 거 사 먹어야지.'

수업 시간에도 돈 생각만 하던 이득이는 수업이 끝나자마자 가방을 챙기기 시작했다. 그러다 문득 가방 속 돈을 누군가에게 뽐내고 싶다는 마음이 솟기 시작했다. 이득이는 옆자리에 앉아 있는 하라를 슬쩍 쳐다보았다. 하라는 이득이와 함께 늘 수학 시험에서 30점을 맞는 고마운 친구였다.

"하라야."

이득이는 하라를 작게 부르며 고갯짓을 했다. 그리고 가방 지퍼를 살짝 열어 복사한 돈으로 가득한 가방 속을 보여 줬다.

"이득아, 이게 다 뭐야?"

하라가 휘둥그레진 눈으로 물었다. 그리고 눈을 끔뻑거리더니 이득이에게 한 번 더 물었다.

"혹시 너 복권에 당첨됐어?"

이득이는 하라의 말에 킬킬 웃었다.

"복권은 아니고 돈을 복사했지. 어때? 똑같지? 나 이걸로 학원비도 내고 맛있는 것도 사 먹으려고. 같이 갈래?"

이득이의 말에 하라는 깜짝 놀라며 말했다.

"돈을 복사했다고? 그럼 가짜 돈을 만들었다는 거잖아. 그거 마음대로 써도 되는 거야?"

하라의 말에 이득이는 고개를 갸웃갸웃하더니 대답했다.

"어차피 똑같이 생겼는데 써도 되지 않을까?"

"아니지. 가짜 돈이잖아. 왠지 쓰면 안 될 것 같은데."

하라의 말이 끝나자마자 뒷자리에서 한 남자아이의 목소리가 끼어들었다.

"맞아. 쓰면 안 되지. 가짜 돈을 쓰는 건 사기 치는 거랑 같아. 사람들을 속이는 거잖아."

이득이와 하라의 말을 듣고 있던 수찬이었다.

"사기라니! 속이다니! 그리고 난 이 돈 아직 안 썼다, 뭐!"

예상치 못한 친구의 말에 이득이는 발개진 얼굴로 소리쳤다.

"안 써도 만든 것부터가 잘못이야. 선생님께 말할 거야."

"아, 버리면 되잖아, 버리면! 나 집에 갈래!"

덜컥 겁이 난 이득이는 소리를 치고 쌩하니 달아났다.

학원 밖으로 나와 한참을 뛰어간 이득이는 학원이 안 보일 정도로 멀어지고 나서야 달리기를 멈췄다.

"헥, 헥, 숨차."

이득이는 숨을 고른 후 가방 속의 복사한 돈들을 보았다.

"돈을 복사하는 게 뭐가 그렇게 잘못됐다는 거야. 아무도 피해 입은 사람이 없는데. 진짜 **돈**이랑 이렇게 똑같이 생겼는데 말이야."

돈에는 언어, 역사, 문화가 담겨 있다

돈에는 우리나라의 언어, 역사, 문화가 담겨 있어.

값을 나타내는 숫자, 글자와 함께 우리나라를 대표하는
역사적 인물이나 문화유산이 그림으로 들어가 있지.

돈에 신뢰성을 부여할 수 있기 때문이야.

나
세종 대왕임.

사람들이 돈을 더 쉽게
구별할 수 있도록 도와주기도 해.

앗, 율곡 이이네.
5만 원이 아니잖아.

천 원에 그려진
퇴계 이황은
이렇게 생겼구나.

특히, 인물의 얼굴은 따라 하기
어려워서 위조를 방지할 수 있어.

이득이가 불만이 가득한 표정으로 가방을 닫으며 고개를 들던 그때였다. 이득이의 눈앞에 엄청나게 거대한 5만 원짜리 지폐가 나타났다. 자세히 보니 지폐가 아니라 지폐 모양의 문이었다. 문 위쪽에 달린 간판에는 가게 이름이 쓰여 있었다.

자본주의 편의점

"자본주의 편의점? 이런 편의점은 처음 보는데. 아! 여기서 이 돈을 써 볼까? 히히."

이득이는 기대에 차서 문을 밀고 편의점 안으로 들어갔다. 그러자 신기한 광경이 펼쳐졌다. 편의점 천장에서는 색색의 지폐들이 끝도 없이 쏟아졌고, 사방에서 타다닥, 때댕! 지폐를 세는 소리와 돈통을 닫는 소리가 쉴 새 없이 메아리쳤다.

'와! 내 가방 속의 돈은 게임도 안 되겠어.'

이득이가 감탄을 하고 있는 그때, 마법사처럼 생긴 할아버지가 활짝 웃으며 인사했다.

"어서 오세요, 자본주의 편의점입니다."

이득이는 할아버지를 쳐다봤다. 할아버지는 편의점만큼

이나 독특했다. 옷도, 헤어스타일도, 얼굴도 아무리 봐도 이 동네 사람, 아니 이 세상 사람 같지가 않았다. 게임 속에 나오는 마법사 할아버지 같았다.

"안…… 안녕하세요. 여기는 돈이 참 많네요."

이득이가 당황한 목소리로 말했다. 그러자 할아버지가 친절하게 대답했다.

"아, 이거요? 이건 가짜 돈이에요. 환상의 돈이죠."

할아버지는 쏟아지는 돈에 손을 갖다 대며 말했다.

'가짜 돈? 내 가방 속 돈들처럼 복사한 돈인 건가?'

이득이는 흥미로운 표정으로 편의점을 둘러봤다. 그때였다. 번쩍번쩍 빛나는 진열대에서 이득이의 눈길을 사로잡는 물건이 있었다. 바로 초코 과자였다. 빨간색과 검은색이 섞인 초코 과자 포장지에는 '미니미니 초코 과자'라는 상품명과 2,000원이라는 가격이 적혀 있었다. 기다렸다는 듯 이득이의 배에서 배꼽시계가 큰 소리로 울렸다.

"하, 여기까지 뛰어왔더니 배고프네."

독버섯처럼 화려한 색깔의 옷을 입은 초코 과자는 당장 사라고 재촉하는 것 같았다. 이득이는 홀린 듯 초코 과자를 집어 들고 계산대로 갔다. 그리고 계산하려는 순간, 고민했다.

'복사한 돈을 쓸까? 아니면 진짜 돈을 쓸까? 에잇! 해 봐

야지.'

이득이는 복사한 돈 1장을 가방 속에서 꼼지락꼼지락 꺼내더니 할아버지에게 건넸다. 할아버지는 돈을 한참 동안 유심히 쳐다보았다. 그리고 차분한 말투로 이득이에게 물었다.

"정말 이 돈으로 계산하는 건가요?"

"……네!"

이득이는 잠시 멈칫했지만 곧이어 큰 소리로 대답했다.

"알겠습니다."

할아버지는 이득이에게 받은 5만 원을 돈통에 넣더니 거스름돈 48,000원을 건네줬다. 이득이는 그제야 마음이 편해졌다.

'후유, 다행이다. 거 봐! 복사한 돈으로 계산해도 아무 문제 없잖아.'

계산을 마치고 의기양양해진 이득이는 그 자리에서 초코 과자 포장지를 뜯었다. 버섯 모양의 작은 초코 과자는 입에 넣는 순간 온몸이 달콤해지는 맛이었다.

'우와, 너무 맛있어.'

초코 과자의 달콤한 맛이 마치 혈관을 타고 온몸에 퍼지는 것 같았다. 신이 난 이득이는 어깨를 들썩들썩하더니 어느새 춤추기 시작했다. 달콤한 맛이 몸에 다 퍼졌다 싶을 때

점프! 그때였다.

짝짝짝!

박수 소리가 나 돌아보니 할아버지가 흥미로운 표정으로 눈을 반짝이며 박수를 치고 있었다.

'아니, 내가 지금 무슨 짓을 한 거야. 편의점에서 춤을 추다니.'

민망해진 이득이는 할아버지에게 고개 숙여 인사한 후 편의점 밖으로 후다닥 나갔다.

철컥.

"신나면 춤추는 버릇 좀 고쳐야 할 텐데. 초코 과자가 너무 맛있어서 처음 보는 할아버지 앞에서 춤을 췄잖아."

그 순간, 쿵! 쿵! 세상이 흔들렸다. 이득이가 깜짝 놀라 앞을 보았다. 그러자 공룡만큼 거대한 사람들의 발이 움직이는 것이 보였다. 사람뿐만이 아니었다. 가로수도, 자동차도, 강아지도 고래만큼 커다랬다.

"뭐, 뭐지? 왜 나 빼고 다 커졌지? 이상해. 뭔가 이상해!"

이득이는 겁이 나서 다시 편의점으로 들어가려고 뒤돌아섰다. 그러나 편의점은 온데간데없고 이득이보다 훨씬 커다란 민들레꽃이 피어 있었다. 마치 이득이가 개미만큼 작아진 것 같았다.

"뭐야, 이 거대한 민들레꽃은! 아닌가? 내가 작아진 건가? 작아졌든 커졌든 이게 도대체 뭐야!"

민들레꽃 그늘 아래에서 이득이는 골똘히 생각했다.

'아무리 생각해도 그거밖에 없어. 미니미니 초코 과자. 먹으면 몸이 작아지는 과자였나 봐. 이제 어떡하지?'

갑자기 이렇게 작아지다니 하늘이 노래지는 기분이었다. 그때였다. 민들레꽃 아래로 노란 비가 쏟아졌다. 빗줄기가 어찌나 거센지 폭포수 같았다.

"이 노란 비는 뭐지? 으악! 비가 아니라 오줌이잖아!"

지나가던 개가 민들레꽃에 오줌을 눈 거였다. 화가 난 이득이는 큰 소리로 외쳤다.

"야, 저리 가! 휘이, 휘이!"

오줌을 누던 개가 주변을 두리번거리다가 민들레꽃 아래에 있는 이득이를 보았다. 개는 눈이 휘둥그레지더니 이득이를 향해 콧구멍을 벌름거렸다.

"왜…… 왜 오지? 저리 가라고 했잖아! 오지 마!"

그러나 개는 장난감이라도 발견한 듯 신나는 표정으로 다가왔다. 이득이는 개를 피해 걸음아 나 살려라 뛰기 시작했다. 개도 이득이를 쫓아 뛰기 시작했다. 그렇게 이득이와 개의 추격전이 벌어졌다. 이득이는 전속력으로 뛰며 거대한 기둥 같은 사람들의 발을 요리조리 피했다. 그러나 개는 빨랐다. 턱! 턱! 개의 입이 이득이의 엉덩이에 닿으려는 순간, 이득이는 펄쩍 점프했다.

"잘 있어라, 황금 오줌 강아지야! 나는 간다. 하하."

이득이는 지나가는 사람의 정장 바지에 바짝 매달려 있었다. 어린이 한 명이 자신의 바지에 매달려 있는 것도 모른 채 정장을 입은 여자는 자동차에 올라탔다. 자동차는 쌩쌩 달려 어딘가로 이동했다. 자동차가 도착한 곳은 도시 한복판에 있는 큰 건물 앞이었다. 건물에는 **한국은행**이라고 적혀 있었다.

'한국은행? 우리 동네에서는 못 봤던 은행인데……'

정장을 입은 여자는 몇 번의 보안 절차를 거친 후 한 사무실로 들어갔다. 여자가 의자에 앉자 이득이도 정장 바지에서 내려왔다. 여기가 어디인지 알아야 돌아갈 방법을 찾을 수 있을 것 같았다. 이득이는 영차영차 힘을 내서 책상 위로 올라갔다. 볼펜꽂이 뒤에 숨어서 주위를 살펴보는데, 여자는 어느새 안경을 꺼내 쓰고는 뭔가를 열심히 들여다보고 있었다.

한국은행 은행들의 은행, 중앙은행

한국은행은 우리나라의 중앙은행이야.
중앙은행은 나라마다 하나씩 있고 나라의 돈을 관리하지.
미국에는 '연방준비제도'가 있고, 일본에는 '일본은행'이 있어.

한국은행에서 하는 대표적인 일이
우리나라의 돈을 만드는 일이야.

올해는 돈을
이만큼
만들겠습니다.

한국은행의 주문에 따라
한국조폐공사가 지폐와 동전을 만들어 내지.
이 돈은 한국은행의 승인이 있어야 사용할 수 있어.

한국은행은 일반 은행과 거래하고, 정부와도 거래해.

한국은행 즉, 중앙은행은 개인과는 거래하지 않아.

'뭘 그렇게 열심히 보는 거지?'

이득이는 들키지 않게 조심하며 여자가 들여다보는 종이를 보았다. 그리고는 깜짝 놀라고 말았다. 종이에는 5만 원짜리 지폐가 수없이 그려져 있었다.

'이 사람도 프린터로 돈을 복사했나?'

5만 원이 잔뜩 그려진 종이 말고도 책상 위에는 다양한 보고서들이 있었다. 한 보고서에는 이렇게 적혀 있었다.

발권국

담당자: 신권아 과장

새 은행권 5만 원권
발행 계획서

발행 예정일 : 2009년 6월 23일

'내가 바지에 매달려서 온 분의 이름이 신권아구나. 잠깐, 2009년?'

그때 사무실 저쪽에서 흰머리가 희끗희끗 보이는 한 남자가 큰 소리로 외쳤다.

"모두들 준비 다 되셨죠? 오늘이 6월 23일 디데이입니다. 발행되는 5만 원 지폐에 조금이라도 문제가 있으면 안 되니까 다들 철저하게 준비해 주세요."

그 얘기를 들은 사람들은 분주하게 움직이기 시작했다. 신권아 과장도 5만 원이 그려진 종이를 들고 사무실 저편으로 뛰어갔다.

"아니, 잠깐만. 오늘이 2009년 6월 23일이라고? 나 작아진 것도 모자라서 과거로 온 거야? 2009년이면 내가 태어나기도 전이라고!"

이득이는 우리나라의 최고액권인 5만 원 지폐가 새롭게 발행되던 2009년 6월 23일로 시간 여행을 한 것이었다.

이득이는 사무실 안을 바라보았다. 곳곳에 신권 이용 안내서, 위조지폐 식별 요령 등 화폐를 새로 발행하는 것에 대한 계획표가 가득했다. 수많은 사람들이 5만 원 신권을 마지막으로 검토하기 위해 이리저리 분주하게 뛰어다녔다.

"5만 원이 제일 마지막에 생겼다던데. 그때인가 봐."

그때였다.

"도저히 이해가 안 돼서 찾아왔습니다. 이왕 신권 발행하는 거 10만 원까지 발행하면 좋잖아요!"

사무실 저편에서 큰 소리가 들렸다. 이득이가 고개를 돌려 보니 한 젊은 남자와 신권아 과장이 이야기를 나누고 있었다. 남자는 상기된 얼굴로 말했다.

"큰돈을 보낼 때 10만 원권을 사용하면 부피를 확 줄일 수 있어요. 또, 단위가 큰돈은 단위가 작은 지폐들의 사용량을 줄여요. 이번에 5만 원권과 함께 10만 원권도 발행하는 게 아무리 봐도 합리적이라고요."

남자의 말에 신권아 과장이 대답했다.

"말씀드렸지만, 그건 현재 상황에서 무리입니다. 너무 단위가 커요."

이 말에 남자는 다시 말했다.

"단위가 크다고요? 다른 나라에는 우리나라 돈으로 10만원 정도의 가치를 가진 돈들이 널렸어요. 미국의 100달러, 일본의 1만 엔!"

남자의 말을 들은 이득이는 궁금해졌다.

'5만 원짜리처럼 10만 원짜리도 생길 뻔했구나. 근데 왜 안 만들었지? 왜 없지?'

잠시 후 신권아 과장이 차분한 태도로 대답했다.

"지금까지 우리나라의 최고액권은 만 원이었어요. 오늘 발행되는 신권인 5만 원은 그 5배인 돈이에요. 5배도 어떤 영향을 줄지 모르는데 무려 10배가 넘는 지폐까지 함께 발행하는 건 여러 위험이 있습니다."

"하지만!"

"지폐는 단순히 물건값을 치르는 역할만 하는 게 아니에요. 지폐의 단위는 기업이 물건값을 정하는 기준에도 영향을 주고, 사람들이 물건을 구매하는 기준을 바꿔요. 갑작스럽게 10만 원권까지 발행하는 건 우리나라 경제에 큰 영향을 미칠 수 있어요."

남자는 신권아 과장의 말을 듣고 생각에 잠기는 것 같았다. 그러더니 이내 알겠다는 듯 고개를 끄덕이고 떠났다. 이득이는 이 광경을 보며 생각했다.

'천 원, 5천 원, 만 원, 5만 원. 난 그냥 이게 당연한 줄 알았는데 나라마다 단위가 다르고 경제에도 영향을 끼치는구나.'

그때였다.

띠이익!

이득이의 생각을 방해하는 요란한 벨소리가 온 사무실에 울려 퍼졌다. 사무실 사람들은 중앙에 있는 탁자로 모여들었다. 그중 흰머리가 희끗희끗 보이는 남자가 탁자 한가운데에 5만 원을 올려놓았다.

'아, 벨소리 때문에 깜짝 놀랐네. 근데 아직도 5만 원 가지고 할 얘기가 남았다고?'

남자는 탁자 위에 올려놓은 5만 원을 한참 바라보더니 모인 사람들을 향해 말했다.

"여러분, 드디어 오늘 대한민국 최초로 5만 원 신권을 발행합니다. 지금 우리 한국은행 본점 앞에는 어젯밤부터 기다린 수백 명의 사람들이 있습니다. 이 새로운 지폐를 보고 싶어서죠. 오늘은 역사적인 날입니다."

사무실에 있던 사람들이 한순간에 조용해졌다.

"그래서 마지막으로 한 번 더 강조하겠습니다. 전 국민이 학수고대하는 새로운 지폐에 조금의 흠도 있어서는 안 됩니다. 이 지폐를 설명해 보세요."

모두 한곳을 바라보며 마지막 설명을 기다렸다. 한 사람이 테이블 앞에 섰다. 신권아 과장이었다. 그는 아까부터 계속 체크하던 5만 원이 그려진 종이를 들고 말하기 시작했다.

"발권국 신권아 과장입니다. 오늘 발행할 신권에 대해 마지막 브리핑을 시작하겠습니다. 새로 나오는 5만 원권에는 위조를 막기 위해 20가지가 넘는 위조 방지 기술을 넣었습니다. 그중 하나는 띠형 홀로그램으로, 지폐의 앞면 왼쪽 끝에 특수 필름 띠를 붙였습니다. 보는 각도에 따라 우리나라 지도, 태극, 4괘 무늬가 번갈아 나타납니다."

말을 마친 후 신권아 과장은 5만 원 지폐를 들어 4가지 무늬를 보여 줬다. 사람들은 작게 감탄사를 내뱉었다. 돈을 수없이 봤지만 처음 알게 된 사실에 이득이도 신기해서 입을 벌린 채 바라봤다.

"그리고 두 번째는 지폐를 보면 은선이 있습니다. 이 '입체형 부분 노출 은선'은 그냥 선이 아니라 청회색 특수 필름 띠로 태극 무늬가 사방 연속으로 새겨져 있습니다."

이어서 색 변화 잉크, 앞뒷면 맞춤, 무지개 인쇄 등 위조를 막기 위해 넣은 것들을 계속 설명했다. 이득이는 신기하면서도 이상한 기분이 들었다.

'돈을 위조하는 걸 막기 위해 돈에 이렇게 많은 장치를 만들었는데…… 그런 돈을 내가 복사했다니. 어쩐지 부끄럽다. 아까 편의점 할아버지 반응도 찜찜했어.'

신권아 과장은 마지막으로 이야기했다.

"우리 사회는 지난 2005년, 5천 원 위조지폐가 확산된 사건으로 큰 혼란을 겪었습니다. 일련번호가 동일한 위조지폐는 아직까지도 100% 회수하지 못했죠. 자기도 모르게 위조지폐를 받은 사람은 범인을 잡기 전까지 보상을 받을 수 없는 경우가 많으니 참 안타까울 뿐입니다. 더 이상의 피해를 막고자 우리 한국은행에서는 5천 원 신권을 계획보다 1년 더 일찍 만들어 발표하기도 했었죠."

"5천 원 위조지폐 사건? 위조지폐로 난리가 난 사건이 있었나 봐."

이득이는 신권아 과장의 말에 점점 더 깊이 빠져들었다. 돈이 탄생하는 데 얼마나 큰 노력이 드는지, 돈의 존재가 사회에 얼마나 중요한지 이렇게 알게 된 건 처음이었다.

"화폐를 위조하는 건 사회의 약속을 무너트리는 일입니다. 우리는 지난 5년 동안 신뢰할 수 있는 **지폐**를 만들기 위해 모든 기술과 노력, 비용을 쏟았습니다. 그래서 이 5만 원권 지폐는 세상에 나갈 모든 준비를 마쳤다고 감히 말하고 싶습니다."

신권아 과장의 말이 끝나자 사무실에 있던 사람들이 모두 고개를 끄덕였다. 이어 흰머리가 희끗희끗 보이는 남자가 다시 일어나 말했다.

"모두 그동안 정말 수고하셨습니다. 자, 그럼 5만 원이 사람들을 만날 수 있게 공식 발행을 시작합시다."

사람들은 일어나서 박수를 치고 사무실 밖으로 나갔다. 사무실에 홀로 남은 이득이는 5만 원권 지폐를 바라보았다. 지폐 속 신사임당이 자신을 꾸짖는 것 같았다.

"돈을 복사해서 써도 되는 줄 알았어요. 다른 사람의 돈을 훔친 것도 아니고, 가짜인 것만 모르면 괜찮을 거라고 생각했는데…… 정말 잘못했어요."

지폐 화폐를 만드는 우리나라의 과학 기술

우리나라 돈은 한국조폐공사에서 만들어.
위조를 방지하기 위해 여러 보안 기술을 사용하고 있지.

한국조폐공사 지폐본부에서는 숨은 그림과
은선을 넣어 특수 보안 용지로 만들어.

특수 보안 용지는 화폐본부로 보내져 인쇄가 진행돼.
평판 인쇄 과정에서는 지폐의 밑바탕 그림을 인쇄해.

태극 문자,
미세 문자 등의
보안 요소가 들어가.

스크린 인쇄 과정에서는 지폐 뒷면에 액면 숫자를 인쇄해.
보는 각도에 따라 색이 변하는 특수한 잉크를 사용하지.

5만 원은 녹색과 보라색,
만 원과 5천 원은 황금색과 녹색,
천 원은 녹색과 청색이야.

5만 원에는 띠 형태의 홀로그램을 붙여.
보는 각도에 따라 다른 무늬가 나타나고,
확대경으로 보면 액면가가 빼곡히 적혀 있어.

요판 인쇄 과정에서는 그림과 글자 부분을 볼록하게 인쇄해.
만졌을 때 오돌토돌한 촉감을 느낄 수 있어.

여기까지 잘 만들어졌는지 검사한 후에
각기 다른 고유 번호를 활판 인쇄해.

만약 이를 따라 해 화폐를
위조하는 사람은 2년 이상의
징역부터 무기 징역까지
엄하게 처벌하고 있지.

위조지폐를
만드는 건
정말 잘못된
행동이야.

이득이는 5만 원을 향해 고개 숙여 진심으로 사과했다. 그리고 다른 곳으로 가기 위해 책상 끝에 섰다. 개미만큼 작아진 이득이에게 책상은 에베레스트산만큼 높은 곳이었다. 이득이는 테이프를 밧줄처럼 칭칭 몸에 묶은 후 아래를 한 번 쳐다보고 눈을 질끈 감았다.

"으아아아아악!"

영화 속에 나오는 히어로처럼 용감하게 펄쩍 점프해서 착! 이득이는 바닥에 무사히 착지한 후 숨을 돌렸다.

"이제 집으로 돌아가야 하는데. 일단 여기서 나가 보자."

이득이는 몸에 묶었던 테이프를 떼고 사무실을 가로질러 문 쪽으로 걸어갔다.

그때였다. 문 밖으로 나갔던 사람들이 카트에 황금빛 덩어리를 잔뜩 싣고 오더니 바닥에 내려놓기 시작했다. 그 황금빛 덩어리는 돈! 비닐에 포장된 5만 원짜리 지폐 덩어리였다. 직원들은 지폐를 분주하게 옮겼다.

"5만 원 신권이 신기한가 봐. 사람들이 엄청 몰렸더군."

"응. 어찌나 열기가 뜨거운지 첫날인 오늘 하루에만 1조 6천억 원이 인출되었대."

즐거운 목소리의 직원들과 달리 이득이의 표정은 울상이었다. 하늘에서 돈뭉치가 쾅쾅 떨어졌기 때문이다.

"이러다 돈에 깔려 죽겠어."

이득이는 돈뭉치를 피해 이리저리 도망 다녔지만 돈은 무서울 정도로 빠르게 쌓여 갔다. 갑자기 이득이의 머리 위에 그림자가 드리워졌다. 바로 위에서 돈뭉치가 내려오고 있었기 때문이다. 신사임당의 얼굴이 이득이에게 점점 가까워지고 있었다.

"으악! 제가 정말 잘못했어요. 돈을 복사하고 함부로 다뤘어요. 다신 안 그럴게요. 제발 살려 주세요!"

이득이가 간절히 소리치자 5만 원에서 빛이 뿜어져 나왔다. 쏟아지는 빛에 이득이는 눈을 감았다.

살며시 눈을 뜨자 보이는 장소는 편의점, 자본주의 편의점이었다. 이득이는 주변을 둘러보았다. 은행이 아니라 과자와 음료수, 특이한 할아버지가 있는 그 편의점이 맞았다. 이득이의 몸도 다시 원래대로 돌아와 있었다. 이득이는 할아버지를 보며 말했다.

"할아버지, 저 완전 신기한 모험을 했어요. 몸도 작아졌고요. 그리고 역사적인 순간에도 있었어요. 한국은행에서 5만 원을 발행할 때요."

할아버지는 웃으며 대답했다.

"2009년 6월 23일. 대한민국에서 만 원권 이후 36년 만에 최고액권 지폐를 발행한 날이었죠. 정말 역사적인 순간에 다녀왔군요."

이득이는 복사한 돈이 가득 찬 가방을 품에 꽉 안았다. 그리고 주머니에서 진짜 돈 2천 원과 아까 받았던 거스름돈을 꺼내 할아버지에게 건네며 말했다.

"사실 아까 할아버지께 드린 돈은 가짜 돈이에요. 진짜 돈이랑 똑같이 생겼으니 괜찮겠지, 생각했어요. 근데 이제 알았어요. 가짜 돈을 만들고 쓰는 건 정말 잘못된 행동이란 걸요."

할아버지는 이득이의 말에 따뜻한 미소를 지으며 말했다.

"돈을 만드는 데는 엄청난 기술과 많은 사람들의 노력, **비용**이 들지요. 깨달았다니 다행이네요. 후후. 부모님이 걱정하시겠어요. 얼른 집으로 가 봐야죠."

이득이는 할아버지의 말에 고개를 끄덕이고 편의점을 나와 집으로 향했다. 집에서는 부모님과 누나가 거실에 모여 이득이를 기다리고 있었다. 엄마가 이득이를 보고 말했다.

"이득이 너, 오늘 학원비 안 냈다며! 식탁 위에 올려놓은 학원비는 사라졌는데 말이야!"

아빠는 엄마보다 차분한 목소리로 말했다.

"아까 선생님한테 전화가 왔어."

주조 비용 돈을 만드는 데 돈이 든다고?

돈을 만드는 데 드는 비용을 '주조 비용'이라고 해.

주조 비용에는 돈을 만드는 데 사용되는
재료, 금형 틀, 인건비 등이 포함돼.

돈에 적혀 있는 금액은 '액면가'라고 해.
액면가보다 주조 비용이 더 많이 들어가는 경우도 있어.

10원을 만드는 데
약 40원이 든다고 해.

하지만 주조 비용이 많이 들었다고 돈의 가치가 올라가진 않아.
우리가 돈은 액면가만큼의 가치를 가진다고 약속했기 때문이야.

하지만 이렇게 만들어진 돈은 매년 어마어마하게 버려지고 있어.
2023년 한 해 동안 손상되어 한국은행에서 폐기한 화폐는
4억 8,385만 장(3조 8,803억 원)이야.
폐기된 화폐를 쌓은 높이는 140,159m로
에베레스트산의 16배에 달하는 높이라고 해.

돈을 만드는 데도
돈이 드니,
우리 모두 돈을
소중히
다루어야 해.

이득이는 가족들의 얼굴을 둘러본 후 크게 심호흡하고 말했다.

"사실 학원비를 내려고 했는데 5만 원 1장이 없더라고요. 그래서 아빠가 종이 복사하시던 게 생각나서…… 프린터로 복사해서 갔어요."

이득이 말에 엄마가 놀라서 말했다.

"세상에! 복사한 돈은 어디 있니?"

이득이는 엄마에게 가방을 건넸다. 복사한 돈이 한가득 들어 있는 가방을 보고 부모님은 입이 떡 벌어져서 동시에 외쳤다.

"고이득!"

이득이는 서둘러 말했다.

"하지만 다행히 좋은 할아버지를 만나서 돈을 복사하는 게 잘못된 행동이라는 걸 깨달았어요. 그래서 돈을 쓰지 않고 그대로 가져왔어요."

이어지는 이득이의 말에 엄마는 안심하며 말했다.

"쓰기 전에 깨달아서 다행이다. 이 돈으로 학원비를 냈으면 큰일 날 뻔했어."

아빠도 말을 덧붙였다.

"아무래도 이득이는 아빠랑 경제 공부 좀 해야겠구나."

공부라는 말에 이득이는 황급히 말을 돌렸다.

"근데 진짜 5만 원이 없었어요. 학원 갈 시간이 다 되었는데 5만 원 1장이 모자라서 얼마나 마음이 초조했는데요!"

"엄마는 분명 맞게 두고 갔는데. 돈에 발이라도 달렸나."

그때 조용히 있던 금리가 머쓱하게 웃으며 말했다.

"그거 내가 용돈으로 가져갔는데……."

"고금리 너, 너도 같이 경제 공부해!"

아빠의 공부 선언에 금리는 황급히 말을 돌렸다.

"근데 고이득 너, 모르는 할아버지 막 따라가고 그러면 안돼. 이상한 할아버지면 어떡하려고 그랬어!"

금리의 말에 이득이는 큰소리를 냈다.

"이상한 할아버지가 아니라 착한 할아버지라고! 덕분에 돈을 소중히 여기지 않으면 몸이 작아져서 돈에 깔리는 벌을 받을 수 있다는 걸 배웠지. 으……."

진저리를 치는 이득이의 모습에 금리가 작게 실눈을 뜨며 말했다.

"설마 그 착한 할아버지, 편의점 할아버지니? 맞지? 너 편의점 갔었지?"

이득이는 누나에게 웃으며 대답했다.

"응! 거기, 자본주의 편의점."

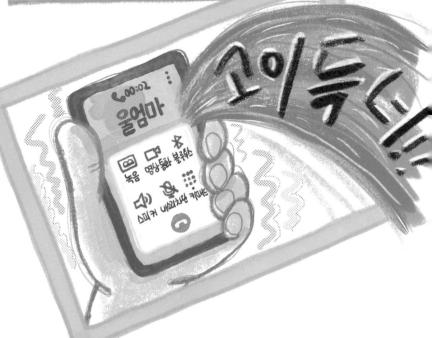

도전, 신용 카드 사용기

학원비 사건 이후 며칠 동안 얌전했던 이득이는 콧김을 뿜으며 잔뜩 흥분한 상태로 학원에 가고 있었다.

"푸하하! 이게 내 손에 들어오다니. 역시 난 천재야!"

양손을 높이 들고 만세를 부르며 펄쩍펄쩍 뛰는 이득이의 모습이 어찌나 행복해 보이는지, 갖고 싶어하던 스마트폰을 선물로 받은 건가 생각될 정도였다. 이득이가 이렇게 흥분한 이유는 바로 카드, 엄마의 신용 카드 때문이었다.

"흐흐. 엄마가 신용 카드를 두고 가다니."

평소에 엄마, 아빠가 돈 없이 카드로 물건을 사는 걸 보고 카드를 써 보고 싶은 마음이 가득했던 이득이는 독수리처럼 휙 카드를 낚아챈 후 얼른 집 밖으로 나왔다.

"이번에는 카드를 복사하는 것도 아니고 한번 쓰고 그대로 갖다 놓을 거니까 문제 없잖아. 히히."

네모반듯한 카드를 손에 쥔 이득이는 통통 튀는 발걸음으로 학원에 갔다.

학원 앞에서 이득이를 기다리던 하라가 유난히 기분이 좋아 보이는 이득이를 보고 고개를 갸웃하며 인사했다.

"이득아, 무슨 좋은 일 있니?"

"흠. 있긴 한데 말할까, 말까~."

"왜? 너 혹시 또 무슨 사고 쳤어?"

"아니. 날 어떻게 보고 그러는 거야. 그게 아니라, 짜잔!"

이득이는 하라의 눈앞에 신용 카드를 들어 보였다. 그걸 본 하라가 탄성을 질렀다.

"우와, 너 엄마한테 카드 받은 거야? 완전 좋겠다."

"아니 뭐, 받았다기보다는……. 어쨌든 나 이따가 집에 가면서 이 카드로 과자랑 장난감을 잔뜩 살 거야."

과자와 장난감 얘기를 하자 하라의 눈빛이 유리구슬처럼 반짝였다.

"이득아, 너 장난감 살 때 나도 슬라임 하나만 사 주면 안될까? 제발요, 이득 님!"

하라의 부탁에 이득이는 세상에서 제일 부자가 된 듯 어깨가 하늘로 치솟는 느낌이었다.

"야, 무슨 하나를 사 줘. 3개, 3개 사 줄게."

"우와! 고이득 님!"

이득이는 학원이 끝나자마자 하라와 함께 무인 문구점으로 뛰어갔다. 의기양양한 걸음으로 들어간 문구점에는 다양한 물건들이 있었다. 알록달록한 스티커, 무시무시한 몬스터 카드, 그리고 무지개색으로 빛나는 슬라임까지! 이득이는 슬라임을 3개 집어 키오스크에서 카드로 계산한 후 하라에게 건네주었다.

"이득아, 이렇게 많이 사도 돼?"

"당연하지. **신용 카드**가 있잖아. 카드만 있으면 돈 없어도 다 살 수 있어!"

슬라임을 받은 하라의 눈은 하트 모양이 되어 있었다.

"너 지금 완전 멋있어. 잘 쓸게. 고마워!"

'나 좀 멋진 듯. 히히.'

하라와 이득이가 함박웃음을 지으며 행복해하던 그때였다.

띠리링, 띠리링.

이득이의 휴대 전화에서 벨 소리가 울렸다.

"이득아, 너 전화 왔어. 엄마 아니야?"

하라는 슬라임의 포장을 뜯으며 말했다. 이득이가 전화

를 받자 온 세상을 뒤흔들 만큼 큰 엄마의 고함 소리가 들렸다.

"고이득! 너 무인 문구점에서 엄마 카드 썼지! 지금 당장 집으로 와!"

분노가 가득 담긴 어마어마하게 큰 호통이었다. 하라는 이득이가 전화받는 것을 보고 깜짝 놀라 말했다.

"너 엄마한테 말도 안 하고 카드를 가지고 온 거야?"

이득이는 양쪽에서 들려오는 큰 소리에 정신이 혼미했다. 일단 엄마에게 바로 가겠다고 대답하며 전화를 끊고, 황급히 무인 문구점을 나오며 하라에게 외쳤다.

"어, 어, 하라야. 나 지금 엄마가 찾아서……. 내일 보자!"

의기양양했던 모습은 모두 사라지고 의기소침해진 이득이는 무인 문구점을 나와 집으로 걸음을 옮겼다.

"아이, 엄마는 카드 쓴 걸 어떻게 안 거지? 집에 가면 혼날 것 같은데. 차라리 학원에 다시 갈까? 아니지, 학원으로 잡으러 올 수도 있어. 어디 엄마가 모르는 곳 없나. 제발……."

그때였다.

쿵!

이득이의 눈앞에 황금빛으로 빛나는 커다란 5만 원짜리 지폐가 나타났다.

신용 카드 돈을 나중에 내도 된다고?

신용 카드는 '신용'을 담보로
물건이나 서비스를 살 수 있는 카드야.

우리가 물건을 사면 카드 회사에서 먼저 돈을 내 주고,
나중에 우리가 카드 회사에 사용한 만큼의 돈을 내면 돼.

① 가맹점이 소비자에게 물건을 판매.
② 소비자가 가맹점에 카드로 물건값을 결제.
③ 가맹점이 카드 회사에 전표를 발행.
④ 카드 회사가 가맹점에 물건값을 결제.
⑤ 카드 회사가 소비자에게 이용 대금 명세서를 발행해 카드값을 청구.
⑥ 소비자가 카드 회사에 카드값을 납부.

카드 회사는 우리가 정해진 날짜에 돈을 갚을 거라고 믿고
돈을 먼저 사용할 수 있게 해 주는 거야.

사람마다 돈을 갚을 수 있는 능력이 다르기 때문에
신용 카드로 사용할 수 있는 금액도 달라.

신용 카드를 사용하면 현금 없이 편리하게 물건을 살 수 있고,
카드 회사에서 제공하는 할인 혜택을 받을 수 있다는 장점이 있어.

하지만 자칫 과도한 소비로 이어져
돈을 정해진 날짜에 갚지 못할 수 있어.

돈을 제때 갚지 못하면 경제 활동에 제한이 생기기 때문에
신용 카드는 적절하게 사용하도록 주의해야 해.

신용 카드만 있으면 현금이 없어도 물건을 살 수 있지만, 세상에 공짜는 없어.

"자본주의 편의점!"

바로 5만 원짜리 지폐 모양의 문이 달린 자본주의 편의점이었다. 이득이는 반가운 목소리로 말했다.

"그래! 여기라면 엄마도 못 찾을 거야."

이득이는 문을 밀고 편의점 안으로 들어갔다. 편의점으로 들어가자 또다시 놀라운 풍경이 펼쳐졌다. 천장에서 팔랑팔랑 쏟아지는 지폐들, 그리고 사방으로 메아리치는 지폐를 세는 소리와 돈통을 닫는 소리.

"여긴 다시 봐도 신기해."

계산대에 서 있던 조지 워싱턴 할아버지는 이득이를 보고 반기며 인사했다.

"아니, 며칠 전에 왔던 그 손님이잖아요. 오랜만이에요."

"네. 안녕하세요, 할아버지!"

"오늘도 복사한 돈을 가져온 건 아니겠죠?"

"오늘은 가짜 돈 대신 진짜 카드가 있어요!"

이득이는 당당하게 말하며 신용 카드를 들어올렸다. 그걸 본 할아버지는 엄지손가락을 척, 들어올렸다. 이득이는 오랜만에 다시 찾은 편의점을 둘러보았다.

'번개파워 음료수', '먹구름 파이', '소나기 맛 감자칩'까지 다른 편의점에서는 듣지도 보지도 못했던 독특한 상품들이 한가득 진열되어 있었다. 그때 이득이의 눈에 오로라 빛이 비쳤다. 이득이의 눈을 사로잡은 것은 무지개처럼 형형색색의 빛을 뿜어내는 '찐득찐득 젤리'였다.

'찐득찐득 젤리라고? 이름은 웃긴데 엄청 예쁘게 빛나네.'

이득이는 사방으로 영롱한 빛을 뿜어내는 젤리를 홀린 듯 한참 쳐다보았다. 그런 이득이를 본 할아버지가 슬쩍 옆으로 다가와 말했다.

"단골이라 말해 주는 건데 사실 이 젤리는 보통 젤리가 아니에요. 처음 본 사람도 오랫동안 알고 지낸 것처럼 만들어 주는 젤리죠."

"그런 신기한 능력이 있다고요? 그런데 오늘은 돈이 없어요……."

이득이는 시무룩해져 말했다. 그러자 할아버지가 혼잣말처럼 얘기했다.

"돈이 없으면 카드로 계산해도 되는데."

이 말에 이득이는 손에 쥐고 있던 카드를 번쩍 들어올렸다.

'하지만 이 카드를 쓰면 엄마한테 또 혼날 텐데.'

이득이는 카드를 쥔 손을 힘없이 내렸다.

'아냐. 이 찐득찐득 젤리를 먹으면 엄마의 애정이 엄청 찐득해져서 날 혼내지 않을지도 몰라.'

이득이는 다시 카드를 쥔 손을 번쩍 들며 물었다.

"오래 본 사람도 더 찐득한 사이로 만들어 주나요?"

"그건 모르겠네요. 하하."

의미심장하게 웃는 할아버지를 보고 이득이는 결심한 듯 카드를 내밀었다.

"젤리는 오! 필승 코리아! 5천 원입니다."

"네? 오필승…… 뭐라고요?"

할아버지는 웃으며 카드를 받아 계산했다. 그리고 카드와 함께 찐득찐득 젤리를 이득이에게 건넸다. 이득이는 자신의 손바닥 위에서 오로라 빛을 뿜어내는 찐득찐득 젤리를 바라보다가 포장을 뜯고 덥석! 젤리를 베어 먹었다.

'엥? 아무 맛도 안 나.'

영롱한 색을 뿜어내던 환상적인 겉모습과는 달리 젤리에서는 아무 맛도 느낄 수 없었다. 말캉말캉한 젤리일 뿐이었다. 이득이는 고개를 갸우뚱하다가 씹던 젤리를 꿀꺽 삼켰다. 그리고 할아버지를 쳐다보았다. 이득이가 젤리를 삼키자 할아버지의 눈빛이 순간 오로라 빛으로 반짝였다. 그러더니 이득이에게 이렇게 말하기 시작했다.

"우리 강아지~. 더 먹고 싶은 건 없니?"

"네? 제가 왜 할아버지네 강아지예요? 저는 이득이라고요!"

이득이는 할아버지의 말에 깜짝 놀라 소리쳤다. 그러나 할아버지는 이득이가 손주라도 된 듯 계속 친숙한 말투로 얘기했다.

'찐득찐득 젤리 때문인가 봐. 오랫동안 알고 지낸 것처럼 만들어 준다더니 정말이었어.'

이득이는 어쩐지 불편해져서 도망치듯 인사를 드리고는 쏜살같이 편의점 밖으로 나왔다.

철컥.

'어라……. 여긴 어디지?'

이득이의 눈 앞에 펼쳐진 세상은 익숙한 동네의 풍경이 아니었다. 이득이는 깜짝 놀라서 편의점이 있던 자리를 뒤돌아봤다. 그러나 자본주의 편의점은 이미 흔적도 없이 사라져 있었다.

"설마 나 또 시간 여행한 거야? 왜 또 나한테 이런 시련이 온 거냐고! 신이시여! 도와주시옵소서!"

이득이는 무릎을 꿇고 하늘을 향해 양팔을 벌리며 큰 소리로 외쳤다. 그러나 아무 일도 일어나지 않았다. 이득이는 일어나서 무릎을 탁탁 턴 후 한숨을 쉬고 주변을 둘러보았다. 커다란 공원에는 수많은 사람들이 있었다. 사람들이 오가는 길 곳곳에는 색색의 파라솔이 펼쳐져 있었고, 파라솔마다 사람들이 삼삼오오 모여 있었다. 바닥에 놓인 커다란 스피커에서는 시끄러운 음악이 쉴 새 없이 흘러나왔다. 그리고 사람들은 그 음악에 맞춰 춤을 추고 있었다.

"뭐지? 버스킹 공연? 댄스 챌린지 같은 건가?"

춤추던 사람들 중 한 명은 사람들을 불러 모으려는 듯 중간중간 마이크에 대고 큰 소리로 외쳤다.

"인생을 즐겨라! 욜로 카드! 욜로 신용 카드 만드세요~!"

"쓸수록 부자 되는 신용 카드! 갑부 카드 만드세요!"

파라솔마다 사람들이 큰 소리로 외치며 열정적으로 춤을 추는 모습은 마치 댄스 대회 결승전 같았다. 이득이는 춤추는 사람들을 보며 감탄했다.

"신용 카드 만들라고 이렇게까지 하는 거야? 대단하다."

이득이의 혼잣말에 옆에서 누군가 대답했다.

"대단한 게 아니라 지독한 거지. 도대체 사람들을 얼마나 더 망하게 하려고 저러는 건지."

이득이가 말소리에 놀라 옆을 보니 찢어진 청바지에 빨

간색 티셔츠를 입고 밝은색으로 염색을 한, 대학생 정도로 되어 보이는 형이 한 명 서 있었다. 형은 이득이를 보며 씨익 웃었다.

"왜? 너도 **신용 카드** 만들고 싶어서 그래?"

"당연히 만들고 싶죠. 그런데 전 아직 어려서 만들 수 없대요."

형은 파라솔을 손가락으로 가리키며 말했다.

"저기 가면 만들 수 있을지도……. 요즘 카드를 얼마나 대충 만드는지 죽은 사람 이름으로 발급된 카드도 있다던데, 뭐."

"네? 죽은 사람 이름으로 카드를 만들기도 했다고요? 그건 좀 무서운데요."

놀란 표정을 한 이득이를 보고 형은 손을 뻗어 이득이의 머리를 헝클어뜨렸다. 마치 오랫동안 알고 지낸 동생을 대하는 듯한 태도였다.

'아! 찐득찐득 젤리 때문인가 봐. 지금 이 형한테는 내가 엄청 친한 동생처럼 느껴지는 거야.'

그때였다. 저편에서 엄청난 함성이 울려 퍼졌다.

"짝짝짝 짝짝! 대한민국! 짝짝짝 짝짝!"

"저 소리는 뭐예요? 어디서 무슨 경기라도 열린 건가?"

신용 카드 대란

누구나 쉽게 신용 카드를 만들 수 있다면?

2000년대 초, 정부는 사람들이 돈을 많이 쓰게 해서
경제를 활성화시키려고 했어.
돈을 쉽게 쓸 수 있게 신용 카드 발급 조건을 낮추었지.

대학생도,
취업 준비생도!
누구나 만들 수
있습니다.

무조건 발급

사원: 조지 워싱턴

○○ 신용 카드

만 19세 이상 무조건 발급

＊ 놀이동산 자유 이용권 33% 할인
＊ 영화관 개봉작 1천 원 할인
＊ 무조건 즉시 대출

그러자 신용 카드를 쉽게 만들고
쉽게 쓰는 사람이 늘었어.

신용 카드 사용액도 급증했지.

*출처: KDI 경제교육·정보센터

카드 사용이 급격히 늘자 정부는
신용 카드 발급 조건을 다시 높였어.

하지만 이미 카드 빚이 쌓인 후였지.
신용 불량자는 계속 늘어났고,
카드 빚을 받지 못한 카드 회사는 큰 손해를 입었어.

이후 신용의 중요성이 부각되며
2005년부터 개인신용평가 회사들이 생겨났어.
개인신용평가 회사는 금융 시장의 투명성과
안정성에 크게 기여하고 있어.

이득이의 말에 형은 배를 잡고 킬킬거리며 웃었다.

"왜 모르는 것처럼 그래. 오늘 축구 경기 있잖아. 월드컵! 우리나라 역사상 최초로 올라간 월드컵 4강 경기가 있는 날이잖아."

"네? 오늘 월드컵 4강 경기가 열린다고요? 혹시 지금 몇 년도예요?"

대학생 형은 이득이의 말에 재밌다는 듯 대답했다.

"2002년이지. 뭘 당연한 걸 묻고 그래?"

이득이는 놀란 표정으로 주변을 둘러보았다. '2002 한일 월드컵'이라고 적힌 현수막과 깃발이 곳곳에 붙어 있었다.

'여기가 2002년이구나. 또 시간 여행을 한 게 맞았어.'

이득이는 멋쩍게 웃으며 말했다.

"아하하. 그렇죠, 2002년."

지난번에는 2009년이었는데 이번에는 2002년이라니 이 득이는 생각할수록 신기했다. 그리고 자본주의 편의점의 시간 여행을 한 번 경험해 본 적이 있어서인지 이번에는 무섭지 않았다. 그저 이 상황이 재미있고 가슴이 뛰었다. 다시 원래 세계로 돌아가기 전에 하고 싶은 게 잔뜩 생각났다. 그 때였다.

"거기! 학생! 드디어 찾았다. 카드로 흥한 자 카드로 망한다는 말이 있지. 카드를 그렇게 막 써 놓고 무사할 줄 알아?"

덩치가 큰 아저씨가 이득이를 보며 큰 소리로 외쳤다. 이득이는 깜짝 놀라 굳어 버렸다.

'헉! 내가 엄마 카드를 쓴 걸 어떻게 알고. 엄마가 나 잡아오라고 했나? 그런데 어떻게 다른 세상까지 쫓아온 거야!'

아저씨는 저승사자처럼 무서운 표정으로 이득이에게 다가왔다. 오돌오돌 떨던 이득이의 얼굴이 새하얘졌다.

"이득아, 달려!"

옆에 있던 형이 이득이의 손을 잡고 뛰기 시작했다. 이득이와 형은 국가대표 선수라도 된 듯 전속력으로 달렸다.

"헉, 헉. 형! 숨이 너무 차요! 더 이상은 못 뛰어요."

"이득아! 이쪽으로!"

형이 가리키는 쪽을 바라보자 정류장에 서 있는 버스가 보였다. 이득이와 형은 결승선에 달려들 듯 버스로 뛰어갔다. 두 사람이 버스를 타자마자 버스 문이 닫혔다.

"거기 서! 끝까지 쫓아간다! 멈추라고!"

아저씨가 뒤늦게 버스 쪽으로 달려왔지만, 버스는 출발했다. 그제야 이득이와 형은 안도의 한숨을 내쉬고 자리에 앉았다. 형이 숨찬 목소리로 말했다.

"어휴, 이렇게 끝까지 쫓아올 줄이야."

"고마워요. 형 덕분에 살았어요."

"응? 아니, 고맙긴 뭘."

처음에는 둘 다 기진맥진해 있었지만 이득이는 차창 밖을 보며 점차 기운이 나기 시작했다. 2002년의 풍경들이 신기했기 때문이었다. '오! 필승 코리아'라고 쓰인 커다란 현수막이 건물에 붙어 있었고, 패스트푸드점에는 1천 원짜리 햄버거 광고 사진이 붙어 있었다. 버스는 전자 상가들이 가득한 길을 지나갔는데 전자 상가에는 엠피쓰리(MP3), 피디에이(PDA), 전자 사전 등 처음 보는 기계들을 홍보하는 광고지가 가득 붙어 있었다.

"오 필승 코리아? 할아버지가 말한 게 저건가 봐! 우와, 햄버거가 천 원이라고? 전자 사전은 또 뭐야? 신기해! 지금이랑 전혀 달라!"

이득이는 신이 나서 밖을 구경했다. 거리도, 건물도 이득이가 있던 세상보다 조금씩 작고 정겨운 느낌이었다.

'지난번에는 개한테 쫓기고 돈에 깔릴까 봐 도망다니느라 정신이 없었는데 지금은 진짜로 시간 여행하는 기분이야. 이게 2002년 과거의 모습이구나.'

1시간 정도 지났을까, 버스가 종점에 도착했다. 이득이는 형을 따라 내리며 주변을 둘러보았다. 아파트는 안 보이고 작은 빌라가 가득한 동네였다.

"여기가 어디예요?"

"어디긴. 우리 동네잖아. 마침 우리 동네 가는 버스가 있길래 빨리 타자고 한 거야."

형이 사는 동네는 빌라들 사이로 좁은 골목이 물길처럼 이어져 있었다. 담벼락마다 주황색 꽃이 흐드러지게 피어 집들을 예쁘게 비추고 있었고, 골목 귀퉁이에는 고양이 한 마리가 한가롭게 털 다듬기에 열중하고 있었다. 평화로운 분위기가 물씬 풍기는 동네였다.

형은 골목을 걷다가 어떤 집 앞에서 멈췄다. 그 집은 이사를 가는 듯 작은 트럭에 책상과 옷가지 등 짐을 옮기고 있었다. 형은 익숙한 듯 트럭에 짐을 싣던 아저씨에게 인사를 했다.

"안녕하세요."

"어, 그래. 오랜만이네. 이득이도 안녕?"

아저씨는 형뿐 아니라 이득이에게도 친근하게 인사했다.

'찐득찐득 젤리 때문에 이 아저씨도 날 오랫동안 알던 애로 생각하고 있어.'

이득이도 아저씨에게 인사를 드렸다.

"안녕하세요."

이득이의 인사에 아저씨는 쓸쓸하게 웃으며 대답했다.

"오늘이 너희를 이 골목에서 보는 마지막 날이겠구나. 아저씨 오늘 이사간단다."

아저씨의 말에 형도 쓸쓸한 목소리로 대답했다.

"네……."

"오랜 이웃이었는데 어머님, 아버님께 인사도 못 하고 가네. 그동안 고마웠다고 말 좀 꼭 전해주렴."

"네, 아저씨. 저도 그동안 감사했습니다."

아저씨는 이득이와 형을 지나 다시 집으로 들어갔다. 형이 한숨 섞인 목소리로 말했다.

"옆집 아저씨도 결국 카드 때문에 이사까지 가시는구나."

"카드요? 카드가 왜요?"

"카드 빚이 너무 많아서 집을 파신다고 했거든."

"네? 집을 팔아요?"

이득이는 깜짝 놀라 소리쳤다. 이득이가 깜짝 놀라는 모습에 형은 말했다.

"요즘 우리 동네 집들 모두 카드 때문에 난리야. 저기 앞집도 카드 빚 때문에 싸우다가 이혼하고, 저 집은 카드 빚

갚으라고 회사까지 사람들이 쫓아와서 결국 회사 그만두시
고······."

"말도 안 돼요. 고작 카드 때문에 그런 일까지 일어난다고
요?"

형은 이득이의 말에 대답했다.

"카드가 얼마나 무서운 건데. 카드는 미래의 돈을 빌려 쓰
는 거야. 마이너스 통장 같은 거지. 카드 값을 제때 못 갚으
면 갖고 있던 거 다 잃고 쫓겨난다고."

이득이는 주머니 속에 있는 엄마의 신용 카드가 생각났다.

'카드가 엄청 무서운 거였구나. 그래서 엄마가 화를 냈나
봐. 이렇게 위험한 카드를 내가 막 써서.'

형은 이어서 말했다.

"그런데 더 무서운 게 뭔지 알아? 나중에 큰일이 날 수 있
다는 걸 알면서도 카드는 한번 쓰기 시작하면 멈출 수 없다
는 거야. 지금 카드만 내면 당장 뭐든 살 수 있는데 적당히
조절해서 쓴다는 건 정말 어렵고 힘든 일이지."

그 순간이었다. 담벼락 너머에 서 있는 부리부리한 눈의
한 남자가 눈에 띈 것은. 그 남자는 아까 이득이를 쫓던 덩
치가 큰 아저씨였다.

'엄마야! 여기까지 쫓아왔잖아. 엄마 카드를 가져다가 막

쓴 날 혼내려고! 신이시여, 제발 저 아저씨가 절 못 보게 해 주세요. 제발요.'

기도가 통했던 걸까. 아저씨는 성큼성큼 다가오더니 이득이 앞을 그냥 지나쳐 갔다. 그리고 형 앞에 서더니 말했다.

"학생, 카드를 썼으면 카드 값을 내야지. 우리가 또 학교로 찾아갈까요? 네?"

이득이는 깜짝 놀라 형을 보았다. 형은 입술을 깨물더니 쳇 하고 소리 내며 고개를 돌렸다.

'내가 아니라 형을 쫓는 거였어?'

이득이는 놀란 눈으로 형을 쳐다봤다. 형은 안심하라는 듯 이득이에게 찡긋, 윙크를 했다. 그 모습을 본 아저씨가 화가 나서 형의 멱살을 잡으려고 달려들었다. 그 순간 이득이는 큰 소리로 담벼락 쪽을 가리키며 외쳤다.

"저, 저기 돈! 돈이다!"

별안간 들리는 큰 소리에 뒤를 돌아본 아저씨는 아무것도 없다는 것을 알고 다시 고개를 돌렸다. 그러나 형은 그 사이에 부리나케 달려 저 멀리 도망치고 있었다. 아저씨는 화가 머리 끝까지 난 듯 온몸을 부르르 떨더니 다시 전속력으로 형을 쫓아갔다.

'휴. 다행이다.'

두 사람이 골목을 돌아 안 보이게 되자 이득이는 바닥에 주저앉았다. 얼마나 무서웠는지 아직도 다리가 후들후들 떨렸다. 주저앉은 이득이에게 누군가 손을 내밀었다. 아까 이삿짐을 옮기고 있던 옆집 아저씨였다.

"형은 어디 갔니?"

"카드 값 내라고 무서운 아저씨가 쫓아와서 도망갔어요."

이득이의 대답에 아저씨는 쓸쓸하게 웃었다.

"카드사 추심하는 사람한테 쫓기고 있구나. 나도 그런 사람들한테 쫓겨서 볼 꼴 못 볼 꼴 다 봤지. 평생 모았던 재산인 집도 잃고 가족과도 떨어져 살게 되고, 모든 걸 잃었단다."

아저씨의 말을 들은 이득이는 마음이 무거워져 가라앉은 목소리로 대답했다.

"어떡해요."

"그래도 집을 팔아 카드 빚이 없어지니 얼마나 홀가분한지 몰라. 앞으로는 점점 좋아지겠지."

이득이는 아저씨의 눈을 바라보았다. 카드 빚 때문에 집을 떠나는 아저씨의 모습이 너무나도 슬퍼보였다.

"아저씨……."

돈의 변천사 돈도 점점 진화한다!

옛날에 화폐가 없었을 때는 물건과 물건을 서로 바꾸는
'물물 교환'을 했어.
하지만 서로 필요한 물건이 달라 거래가 불편했어.

그래서 '소금'이나 '조개껍데기' 등을 화폐로 사용했어.
하지만 쉽게 물에 녹거나 깨진다는 단점이 있었어.

그래서 시간이 지나도 모양이 변하지 않는
'금화'나 '은화'를 사용했어.
하지만 무겁고, 필요한 만큼 많이 만들 수 없었지.

지금 우리는 종이로 만든 '지폐'와
구리로 만든 '동전'을 사용하고 있어.

정보 통신 기술이 발전하면서 전자 화폐인 '신용 카드'나
스마트폰으로 손쉽게 결제할 수 있는 '페이'도 함께 사용하고 있지.

요즘은 암호 화폐와 같은 새로운 결제 수단도 등장하고 있어.
'비트코인', '이더리움' 등이 대표적인 암호 화폐야.

이득이가 아저씨를 부르자 아저씨는 이득이의 머리를 쓰다듬고 천천히 골목을 떠났다.

아저씨가 떠나자 꽉 차 있던 골목이 텅 비어 보였다. 고양이도 없었다. 평화로워 보였던 동네가 이제는 다르게 보였다. 그때였다.

지직지직, 땡그랑.

계산기에서 영수증이 나오는 소리와 돈통이 닫히는 소리가 울려 퍼지더니 갑자기 환한 빛이 주위를 뒤덮었다. 이득이는 눈을 질끈 감았다.

눈을 떴더니 자본주의 편의점의 할아버지가 웃으며 이득이를 바라보고 있었다.

"할아버지!"

"오, 손님!"

"손님이요? 아, 찐득찐득 젤리 효과가 끝났구나. 다시 편의점으로 돌아왔어. 만세!"

이득이는 만세를 불렀다. 할아버지는 그런 이득이를 보고 흐뭇한 미소를 지었다. 이득이는 들뜬 목소리로 할아버지에게 말했다.

"저 방금 전까지 2002년에 있다가 왔어요!"

"그렇군요. 2002년은 어땠던가요?"

"어, 2002년은……."

이득이는 방금 전까지 있었던 2002년의 풍경을 떠올렸다. 거리 곳곳에서 신용 카드를 만들라며 춤을 추며 홍보하던 사람들, 곧 월드컵이 열린다며 들뜬 분위기, 신용 카드 빚을 못 갚아 집을 팔고 이사를 가던 아저씨, 그리고 카드 추심하는 사람에게 쫓겨 도망치던 대학생 형의 모습.

"엉망진창이었어요. 카드 회사에서는 신용 카드를 마구 만들어 주고, 사람들은 카드를 마구마구 썼어요. 그리고 또…… 또!"

"카드 빚을 못 갚아서 쫓기는 사람도 있고 집을 잃은 사람도 있었죠?"

"네, 엄청난 세상이었어요. 신용 카드는 미래의 돈을 빌려 쓰는 거래요. 마요네즈 통장이라나? 카드만 있으면 돈이 없어도 뭐든 사도 되는 줄 알았는데 세상에 공짜란 없는 거였어요."

"마요네즈 통장? 아하, 마이너스 통장이요. 하하."

이득이는 할아버지에게 말했다.

"어서 집에 가서 엄마에게 신용 카드를 돌려줘야겠어요. 할아버지, 안녕히 계세요."

이득이는 할아버지에게 인사하고 편의점 밖으로 나갔다.

집에 도착하니 엄마가 팔짱을 끼고 소파에 앉아 있었다.

"고이득, 너 이리 와 봐."

이득이가 주춤주춤 다가가자 엄마가 다다다닥 말을 쏟아 냈다.

"돈 복사해서 난리난 게 엊그제인데 이번에는 엄마 카드를 써? 너 누가 남의 물건을 마음대로 가져가서 쓰래. 그것도 신용 카드를!"

엄마의 꾸중이 끝나자 이득이는 엉엉 하고 울음을 터뜨렸다. 그동안 엄마한테 혼날 생각에 마음 졸였던 것과 2002년에 겪었던 무서운 상황들이 다 함께 터진 것이었다.

"아니, 엄마. 그게 아니라요. 흐어엉. 제가 잘못했는데요. 무서운 사람이 쫓아오고요."

우는 이득이를 본 엄마는 생각에 잠겼다. 그러고는 이득이의 머리를 쓰다듬으며 따뜻하게 달래줬다. 이득이의 흥분이 가라앉자, 엄마는 잘못한 점에 대해 차분히 이야기를 했다.

"이득아, 신용 카드는 신중히 써야 해. 당장 돈이 빠져 나가지 않기 때문에 더 많은 **돈**을 쓰기 쉽거든. 그렇게 카드 값이 쌓이고 쌓이다 보면 갚지 못할 정도로 큰 금액이 될 수 있어. 카드 값을 못 갚으면 앞으로 카드를 못 쓴다거나 하는 문제가 생길 수도 있고. 무엇보다 이 카드는 엄마 거잖니. 남의 물건은 함부로 쓰면 안 되는 거야."

이득이는 엄마의 말에 고개를 끄덕이며 신용 카드를 돌려드리고 잘못을 진심으로 뉘우쳤다. 그리고 문득 오늘 다녀왔던 2002년이 떠올라 엄마에게 2002년 월드컵에 대해 물어보았다.

"엄마, 아빠를 월드컵 때 만났다고 했죠?"

"응. 월드컵 경기장에서."

"두 분 축구 보다가 만난 거였어요?"

"아니, 아르바이트하다가 만났어. 경기장에서 아빠는 치킨을 팔고 엄마는 핫도그를 팔았거든."

엄마는 휴대폰으로 SNS에 있는 아빠의 대학생 때 사진을 보여 주었다. 이득이는 사진을 보고 눈이 동그래지며 놀랐다.

'내가 만난 형이 아빠였잖아!'

놀란 이득이를 보더니 엄마가 웃으며 말했다.

"아빠가 아니라 형 같지? 아빠가 처음 신용 카드를 만들었을 때 경제 관념이 없어서 빚이 많이 생겼어. 그래서 카드 빚을 갚기 위해 아르바이트를 4개, 5개씩 했는데 그중 한 곳에서 엄마를 만난 거야."

돈에 관한 속담 티끌 모아 태산

티끌 모아 태산
아무리 작은 것이라도 모이면
나중에 큰 덩어리가 된다는 말.

사람 나고 돈 났지 돈 나고 사람 났나

아무리 돈이 귀중하다 해도 사람보다 더 귀중할 수는 없다는 뜻.

굳은 땅에 물이 고인다

낭비하지 않고 절약하는 사람이 재산을 모을 수 있다는 뜻.

앉아 주고 서서 받는다

돈을 빌려주기는 쉬우나 돌려받기는 어려움을 비유적으로 이르는 말.

흉년의 떡도 많이 나면 싸다

귀한 물건이라도 많이 나면 가격이 낮아진다는 말.

이득이는 사진 속의 아빠를 다시 보았다. 무서운 아저씨에게 쫓기던 대학생 형은 착실하게 일해 빚을 갚아 나가는 청년이 되어 엄마를 만난 것이었다. 이득이는 반가운 마음에 웃음이 났다.

"내가 아빠를 닮은 거였구나."

그때 현관문이 열리는 소리가 나고 퇴근한 아빠의 목소리가 들렸다. 이득이는 싱긋 웃으며 현관문을 향해 걸어갔다. 20여 년 전 만났던 대학생 형, 아빠를 만나러.

돈이 없으면 돈을 만들면 되잖아!

금리는 학교 숙제를 마치고 침대에 벌러덩 누웠다.

"뉴스 좀 볼까?"

금리는 요즘 어린이 유튜브 방송 대신 뉴스를 보고 있다. 하지만 뉴스를 볼 때마다 이해가 안 되는 내용이 있었다. 최근 경제가 어려워지면서 돈이 없어 힘들어진 사람이 많아졌다는 것이다.

"돈이 없어서 힘든 사람이 많으면 돈을 더 많이 만들면 되잖아. 그리고 돈 없는 사람들한테 나눠 주면 되는데 이렇게 쉬운 문제를 왜 못 푸는 거야?"

샤프에 샤프심이 모자라면 샤프심을 새로 사서 끼워 넣듯이 돈이 없어서 힘든 사람이 많다면 돈을 더 만들면 될 텐데 금리는 도통 이해가 되지 않았다. 해외 뉴스를 볼 때도 답답하기는 마찬가지였다.

"아프리카 국가에서는 식량을 사 올 돈이 없어서 기아가 발생한다고? 아니, 돈을 많이 찍어서 그 돈으로 사 오면 되잖아. 돈을 많이 찍으라고!"

뉴스를 보던 금리가 답답해하며 소리치자, 그 소리를 듣고 방에 들어온 이득이가 고개를 갸웃거리며 말했다.

"돈을 찍을 종이가 모자라서 그런 거 아니야?"

이득이의 말에 금리는 폭소를 터뜨렸다.

"종이가 모자라서 돈을 못 찍는다고? 이 세상에 종이가 얼마나 많은데. 그런 얘기는 처음 들어. 푸하하!"

"웃지 마! 돈 막 만들면 큰일 나거든? 돈에 깔리거든!"

이득이는 금리의 반응에 입을 삐죽이더니 문을 쾅! 닫고 나갔다. 그러자 금리의 방문에서 빛이 나기 시작했다.

번쩍!

"악! 갑자기 웬 빛이야!"

갑작스러운 빛에 금리가 눈을 감았다 뜨니 금리의 방문이 커다란 5만 원짜리 지폐로 바뀌어 있었다.

"돈? 5만 원? 설마! 내 방문이 자본주의 편의점 문으로 바뀐 거야?!"

금리는 깜짝 놀라 두 눈을 비비고는 다시 방문을 봤다. 방문은 여전히 번쩍번쩍 빛나는 5만 원짜리 지폐 모양이었다.

"이게 무슨……. 근데 갑자기 왜 나타난 거지?"

금리는 고개를 갸우뚱거리며 문 앞으로 다가갔다.

"들어가도 되는 건가? 마침 경제 뉴스 보면서 할아버지께 물어보고 싶은 게 있긴 했는데. 일단 지갑 챙기고 가 볼까?"

금리는 방문을, 아니 자본주의 편의점의 문을 열었다.

끼이익.

문을 열자, 지폐가 팔랑팔랑 쏟아지고 쉴 새 없이 돈 세는 소리가 울려 퍼지는 자본주의 편의점 내부가 펼쳐졌다.

"자본주의 편의점아, 내가 왔다!"

금리는 두 팔을 들어 올려 만세를 불렀다. 계산대에 있던 할아버지는 그런 금리를 보고 싱긋 웃었다.

"우리 금리 손님 아니에요? 오랜만이에요."

"저기 우산통 할아버지!"

"하하. 또 틀리는군요. 전 1달러의 사나이, 조지 워싱턴입니다!"

"맞다, 워싱턴 할아버지! 근데 제 방문은 어떻게 바꾼 거예요? 아, 저 요즘 경제 공부하거든요. 물어보고 싶은 거 있어요!"

"일단 진정하세요. 우리 편의점에 신상이 많이 들어왔거든요. 우선 신상부터 보는 건 어때요?"

"오, 신상이요? 그럼 잠깐 구경만 해 볼게요."

할아버지의 말에 금리는 편의점 안쪽으로 향했다. 뚜벅
뚜벅 걸어가 진열대를 휙휙 빠르게 둘러보는데, 그때 금리
의 눈에 들어온 과자가 있었다. 바로 커다란 뻥튀기 과자였
다. 과자 포장지에는 '무엇이든지 10배로 뻥'이라고 적혀
있었다.

'무엇이든지 10배로 뻥이라고? 저번에는 투명투명 삼각
김밥을 먹어서 투명 인간이 되었잖아. 그렇다면 이건······
먹으면 가진 게 10배로 늘어나는 과자가 아닐까?'

뻥튀기 과자를 보는 금리의 눈이 커졌다. 평소의 10배 정
도는 커진 것 같았다.

'내가 동동이한테 갚고 그동안 모은 돈이 10만 원이니까,
10배면 100만 원? 엄청나잖아!'

부자가 될 상상에 할아버지한테 물어보려던 내용은 생각
저편으로 사라져 버렸다. 금리가 뻥튀기 과자를 들고 계산
대로 가자 할아버지가 웃으며 말했다.

"역시 신상을 금방 찾으셨군요. 뻥튀기 과자는 100원입
니다."

"이렇게 큰 과자인데 가격이 100원밖에 안 해요?"

"네, 100원이면 됩니다. **수요**가 별로 없어서요. 후후."

금리는 할아버지의 마지막 말은 못 들은 채 신이 나서 지갑에서 100원을 꺼내 할아버지에게 건넸다. 계산을 마친 금리는 과자의 포장을 벗긴 후 와그작, 뻥튀기를 한 입 베어 물었다. 돈이 10배로 늘어날 것을 어찌나 기대하는지 빨개진 볼로 두 손에 과자를 꼭 쥐고 먹는 모습이 마치 해바라기씨를 들고 있는 햄스터 같았다. 금리는 뻥튀기를 두 입째 먹으려다 멈칫했다.

'잠깐, 내 돈이 10배면 100만 원인데 만약 엄마 아빠 돈이 10배가 된다면? 우리 집 완전 부자잖아. 하! 나 경제 공부한 보람이 있네. 당장 엄마 아빠께 갖다 드려야겠어."

금리는 뻥튀기를 다시 포장지에 넣고 할아버지에게 인사하면서 히죽히죽 웃었다. 그리고 여느 때보다도 힘찬 발걸음으로 편의점을 나섰다.

'가자! 우리 집 부자 만들러!'

철컥.

편의점 밖으로 나오자 낯선 말소리가 들렸다. 뉴스에서 봤던 외국인들이 가득한 시장 한복판이었다. 천으로 만든 긴 옷을 입고 머리에는 화려한 보자기를 두른 여자들이 걸어 다녔고, 길가에는 상인들이 신기한 물건들을 늘어 놓고 큰 소리를 내며 사람들을 불러 모으고 있었다.

"바나나 사세요. 달콤한 바나나!"

"카사바입니다. 카사바요!"

주위를 둘러보던 금리는 당황한 목소리로 말했다.

"이게 다 뭐야? 여긴 내 방이 아닌데. 심지어 한국도 아니잖아! 설마 외국에 온 거야?"

그때였다. 쿵! 지나가던 사람이 금리와 부딪쳤다. 금리가 휘청거리며 손에 있었던 뻥튀기 과자가 바닥에 떨어졌다. 뻥튀기 과자는 뻥! 소리가 나더니 하얀 연기를 내며 슈우욱 하고 사라져 버렸다.

"앗, 내 뻥튀기!"

부딪친 사람은 금리에게 고개 숙여 사과했다.

"정말 죄송합니다, 할머니."

"할머니요? 저요? 제가 할머니라고요?"

할머니라는 말에 놀란 금리는 외국인과 말이 통했다는 사실을 알아차리지 못했다. 그저 자신의 모습을 확인할 수 있는 물건을 찾아 두리번거리느라 바빴다. 그때, 상점에 걸린 거울에 금리의 얼굴이 비쳐 보였다. 거울에는 12살의 금리가 아닌 나이 많은 할머니가 있었다.

수요와 공급 가격은 어떻게 결정될까?

가격은 상품과 서비스의 가치를
돈으로 나타낸 것이야.
올라가기도 하고, 내려가기도 하지.

사람들이 물건을 사고 싶어 하는 정도를 '수요'라고 하고,
물건을 팔려고 하는 정도를 '공급'이라고 해.

물건의 양에 비해 수요가 많으면
물건의 가격은 올라가.

반대로 사려는 사람보다 공급이 많아지면
물건의 가격은 내려가.

가격은 수요와 공급이 만나는 곳에서 결정돼.
물건을 사는 사람과 물건을 파는 사람이
모두 만족한다고 보는 곳이지.

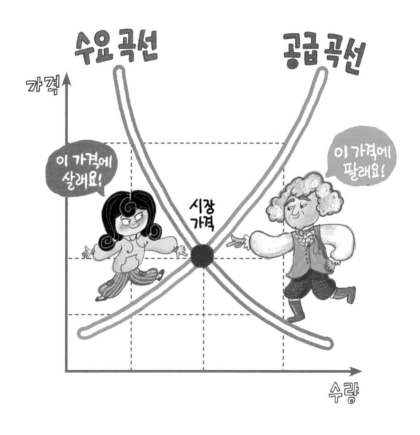

가격을 정하는 법칙을
'수요와 공급에 관한 법칙'이라고 해.

물건을
사는 사람과
물건을
파는 사람이
서로
줄다리기를 하며
가장 알맞은
가격이 결정돼.

"악! 내 얼굴 왜 이래? 설마 돈이 아니라 나이가 10배로 뻥튀기 되는 거였어? 이런 건 싫어!"

12살이었던 금리는 120살의 할머니가 되어 아프리카의 어느 시장에 온 것이었다.

"뻥튀기 먹으면 돈이 10배로 많아지는 줄 알았지, 이렇게 10배로 나이가 들어 버릴 줄 알았냐고. 초등학교도 졸업 못 했는데 할머니가 됐잖아. 거기다가 낯선 나라라니. 아앙. 울고 싶다."

금리는 막막할 뿐이었다. 뻥튀기를 도로 뱉어 다시 원래 나이로, 원래 있던 세계로 돌아가고 싶었다.

"여기서 어떻게 집으로 돌아가지?"

그때였다.

"뻥!"

뻥 소리가 나더니 커다란 축구공이 금리에게 날아와 머리를 가격했다. 공에 맞은 금리는 퍽 고꾸라졌다. 공이 어찌나 단단한지 눈앞에 별이 보이고 머리는 돌덩이에 맞은 것처럼 욱신거렸다. 겨우 정신을 차려 눈을 뜨자 이득이 또래로 보이는 아이들이 금리를 둘러싸고 있었다.

"할머니, 괜찮으세요?"

"뭐? 할머니? 나 할머니 아냐. 누나야!"

"어떡해. 머리를 많이 다치셨나 봐."

"으앙. 우리가 다치게 했어."

금리의 말을 들은 아이들은 눈물을 글썽거리더니 울음을 터뜨렸다. 앉아서 머리를 문지르던 금리는 우는 아이들을 보다가 황당해하며 소리쳤다.

"지금 울고 싶은 게 누군데! 나 진짜 할머니 아니라고! 갑자기 나이가 든 것도 서럽고, 공에 맞은 것도 억울한데 왜 너희들이 울어?"

엉엉 울던 아이들은 이상한 소리를 하는 외국인 할머니의 모습이 신기한지 어느새 눈물을 그치고 금리를 쳐다보았다. 금리는 자리에서 일어나 옷에 묻은 흙을 털며 말했다.

"근데 얘들이랑 말은 어떻게 통하는 거지? 아유, 모르겠다. 이것도 다 뺑튀기 때문이겠지."

금리는 공을 아이들에게 돌려주기 위해 공에 손을 뻗었다. 난리 통에 제대로 못 봤던 공의 모습을 자세히 본 금리는 깜짝 놀라 소리쳤다.

"뭐 이런 공이 다 있어?"

공을 가까이에서 보니 축구공이 아니라 둥글게 뭉친 커다란 돈 뭉치였다.

"말도 안 돼. 이거 돈 아니야? 왜 돈으로 공을 만든 거야?"

금리의 말에 아이들이 까르르 웃으며 대답했다.

"돈은 발로 막 차도 되니까 그렇죠. 그럼 뭘로 축구공을 만들어요?"

"뭐? 돈을 발로 막 차도 된다고?"

금리는 주변을 바라보았다. 그러자 곳곳에서 미처 알아채지 못했던 신기한 모습들이 보였다. 시장 한쪽에서는 상인들이 돈을 꼬은 후 엮어 바닥에 깔 돗자리를 만들고 있었다. 한 아주머니는 돈으로 부채를 접어 부채질을 하고 있었고, 나무 그늘 아래에서는 아이들이 돈으로 종이비행기를 접어 날리며 놀고 있었다. 금리는 공에 붙은 지폐를 펼쳐 보았다.

"숫자가 왜 이렇게 커! 0이 다섯, 여섯, 일곱, 여덟, 힉! 이거 얼마짜리 공인 거야?"

"1억 원 지폐 처음 봐요? 와하하. 외국인 할머니라서 우리나라 돈 잘 모르나 봐. 할머니, 그럼 이거 드릴게요. 저희는 다른 돈으로 또 공 만들어서 놀면 돼요."

아이들은 돈을 보고 놀라는 금리의 모습이 재밌었는지 크게 웃은 후 금리에게 공을 주고 다른 쪽으로 뛰어갔다. 갑자기 아이들에게 돈뭉치를 받게 된 금리는 공을 들고 시장을 둘러보기 시작했다. 시장에서는 다양한 물건들을 팔고 있었다.

"막 삶은 따끈따끈한 계란입니다. 계란이요!"

'배고파. 이 공에 있는 지폐 하나만 떼어도 시장에 있는 음식 다 사 먹을 수 있을 것 같은데. 계란이나 하나 먹을까?'

출출해진 금리는 삶은 계란을 팔고 있는 상인 앞에 섰다. 그리고 상인에게 계란값을 물어보았다. 가격을 들은 금리는 귀를 의심했다.

"네? 얼마라고요?"

"천 억이요."

"천 억이요? 계란 1알에 천 억이라고요?"

"네. 그 돈뭉치로는 턱도 없어요. 지금 **물가** 가 얼마나 비싼데요. 이런 수레에 돈을 가득 채워 와야 살 수 있다고요."

상인의 말은 거짓이 아니었다. 실제로 옆에 있던 손님은 돈을 가득 실은 수레를 내려놓고 계란 3알을 가져가고 있었다. 옆 상점에서는 망고를 팔고 있었는데 망고 하나에 얼마나 많은 돈을 내야 하는 건지 손님은 돈이 가득한 박스를 들고 있었다. 상인은 돈을 세지 않고 손님이 준 박스를 저울에 올려 무게를 잰 후 망고를 하나 건넸다. 시장의 물건들이 어찌나 비싼지 금리가 가진 돈뭉치로는 콩 한 알도 못 사 먹는 상황이었다.

물가와 통화량

돈이 많아지면 물가가 오른다고?

경제에서는 물건 하나의 값을 '가격'이라고 하고,
여러 물건의 가격을 합한 평균 값은 '물가'라고 해.

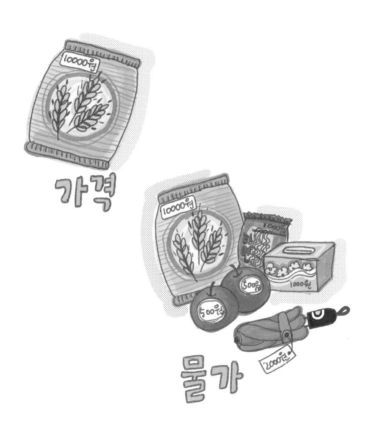

가격

물가

물가에는 숨겨진 비밀이 있어.
물가는 대체적으로 오르기만 한다는 거야.

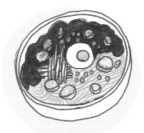

2015년 약 4,452원
2020년 약 5,195원
2023년 약 6,360원

*출처: 통계청, 한국소비자원

2013년 약 634원
2018년 약 676원
2023년 약 820원

*출처: 한국물가협회

2014년 약 8,000원
2020년 약 12,000원
2023년 약 14,000원

*출처: 영화진흥위원회

나라 안에서 실제로 쓰고 있는 돈의 양을 '통화량'이라고 해.

통화량이 많아지면 즉, 시중에 돌아다니는
돈의 양이 많아지면 돈의 가치가 떨어지게 되고,
결과적으로 물가가 오르게 돼.

시간이 지날수록 통화량은 많아지므로 물가는 계속 오르지.
통화량은 경제의 흐름에 큰 영향을 미쳐.

"무슨 이런 데가 다 있어? 지폐도, 물건 값도 다 이상해."

금리는 혼잣말로 탄식했다. 그러자 금리의 말을 들은 듯 어떤 목소리가 들려왔다. 시장 한쪽에 햇빛을 피하기 위해 지은 움막이 있었는데 그곳에서 나는 목소리였다. 나이가 많은 할아버지의 목소리 같았다.

"이 모든 게 돈이 무너져서 그러오. 돈이 돈 구실을 못한다는 말이지요."

금리는 귀가 쫑긋해져 움막 쪽을 바라보았다. 자세히 보니 볏짚으로 지어진 줄 알았던 움막은 돈을 잘게 찢어서 지어진 것이었다. 금리는 움막 속으로 머리를 넣고 목소리의 주인공을 찾았다.

"혹시 우산통 할아버지세요? 할아버지!"

그러나 움막 속에는 처음 보는 할아버지가 있었다. 할아버지는 명상을 하듯 차분한 자세로 앉아 있었다.

"앗, 죄송합니다. 제가 아는 분인 줄 알았어요."

"별말씀을요. 저보다 훨씬 어르신이군요."

"아니에요. 저 할아버지보다 어려요. 그것도 많이요."

"그러시군요."

할아버지는 차분하게 대답했지만 금리의 말을 믿지 않는 것 같았다. 금리는 할아버지에게 자신이 12살이라는 것을 알려 주고 싶었지만, 아무래도 믿지 않을 것 같았다. 할아버지의 눈에는 어쨌든 나이가 많은 할머니로 보일 터였다.

"그건 그렇고. 할아버지, 아까 돈이 돈 구실을 못하게 되었다고 하셨죠? 그게 무슨 말이에요? 돈이 어떻게 무너져요?"

금리의 말에 할아버지는 빙긋 웃음을 지었다. 그리고 이야기를 시작했다.

"우리나라에서 한 달 전에는 사탕이 얼마였을까요? 100원이었어요. 가격이 어떤 것 같은가요?"

"그 정도면 괜찮은 것 같은데요."

"그렇지요. 그런데 지금은 똑같은 사탕이 한 달 만에 얼마가 되었는지 아세요?"

"음, 500원?"

"800억이 되었답니다. 100원짜리 사탕이 한 달 만에 800억이 된 거예요."

"네? 800억이요?"

금리의 반응에 할아버지는 미소를 지으며 말했다.

"우리도 이런 일이 생길 줄 몰랐어요. 가뭄이 들었을 때도, 전쟁에 참여하게 됐을 때도, 또 정부에서 다양한 해결책을 내놓을 때도 그저 좋아질 줄 알았지요. 하지만 아니었어요. 경제 상황은 점점 안 좋아졌어요. 그러다 돈을 마구 찍어 냈고, 풀었지요."

"돈을 마구 찍어서 풀었다고요? 그러면 좋은 거 아닌가요?"

"우리도 처음에는 좋은 일인 줄 알았어요. 이전과 달리 돈을 많이 갖게 되었으니까요. 모두가 부자가 되는 줄 알고 좋아했지요. 그런데……."

"그런데요?"

"그 반대였어요. 모두가 부자가 되는 게 아니라 모두가 가난해져 버렸지요. 돈을 많이 찍어 낸 그날 이후 돈의 가치는 무서울 정도로 확확 떨어졌어요. 어제는 100원으로 사탕을 살 수 있었지만, 오늘은 100원으로 사탕을 살 수 없었어요. 다음날에는 그 돈으로 아무것도 살 수 없었지요. 물가가 얼마나 빨리 오르는지 100원짜리 사탕이 한 달 후에는 800억이 되었어요. **인플레이션**이 온 거죠."

"세상에……."

금리는 움막에 들어오기 전, 계란과 망고를 팔고 있던 상점이 생각났다.

"지금 이 순간에도 가격은 빠르게 오르고 있어요. 조만간 사탕 가격은 1조가 될 겁니다."

"그럼 다들 어떻게 살아요? 돈을 더 많이 벌기 위해 일을 더 많이 하나요?"

"아니요. 오히려 멀쩡하게 다니던 직장을 그만두는 사람도 생겨나기 시작했어요. 한 달 후에 받는 월급으로는 아무것도 살 수 없는 세상이 되었으니까요."

"네……."

"이제 돈은 돈이 아니에요. 그림이 그려진 종이에 불과하지요."

돈을 많이 찍어 내면 모든 문제가 해결될 거라고 생각했는데 돈이 너무 많아서 문제인 세상이라니. 금리는 머리가 띵, 아파지는 느낌이 들었다.

금리는 할아버지에게 인사를 드리고 움막을 나왔다. 그리고 시장을 마저 둘러보았다. 사람들은 커다란 바구니와 수레 등에 돈을 한가득 쌓아 끌고 다녔지만 아무것도 살 수 없었다. 시장 입구에서는 사람들이 걱정스런 얼굴로 웅성거리며 이야기를 나누고 있었다.

"선생님 월급이 겨우 2조인데 밥 한 끼에 1,500억이 넘어요. 어떻게 생활해야 할지 모르겠어요."

"그 소식 들었어요? 나라에서 돈을 찍어 낼 종이가 모자라서 돈을 더 못 만들고 있대요."

마을 모든 주민들이 몇백억을 가졌지만 가난했다.

인플레이션과 디플레이션

물가가 계속 오르거나 내린다면?

물가가 지속적으로 오르는 현상

물가가 지속적으로 내려가는 현상

디플레이션

1개월마다 50% 이상 물가가 오르는 현상

인플레이션

물가가 오르면 같은 돈으로 살 수 있는
물건의 양이 적어져.

돈의 가치가 내려가는 거야.

디플레이션

물가가 내려가면 같은 돈으로 살 수 있는
물건의 양이 많아져.

돈의 가치가 올라가는 거야.
돈의 가치는 물가에 따라 달라져.

그럼 물가가 내려가는 것이 좋을까?

물건의 가격이 내려가면
사람들은 물가가 더 내려갈 것이라고
기대해서 물건을 사지 않아.

물건이 안 팔리면 물건을 조금 만들어.
물건을 만들기 위해 일하는 사람도 줄어들지.

그래서 정부는
물가가 안정적으로
유지될 수 있게
노력해.

그때 누군가가 시장 안으로 뛰어 들어오더니 사람들에게 큰 소리로 외쳤다.

"긴급 소식이에요! 오늘부터 우리나라 돈을 없애기로 했대요. 이제부터는 **기축 통화**인 달러로만 거래하래요!"

"뭐라고?"

사람들은 당황하며 웅성거리기 시작했다. 돈을 받고 물건을 팔았던 상인들은 이마를 치며 주저앉았다. 화가 난 나머지 돈을 불태우는 사람도 있었다. 사람들은 모두 하던 일을 멈추고 소리를 지르며 부당하다고 외치기 시작했다. 움막 속 할아버지 말대로 정말 혼란스러운 세상이었다.

'돈을 많이 찍어 내더니 이제는 다른 나라 돈을 쓰라고?'

사람들 틈에 끼여 시장 이리저리로 떠밀려 가던 금리는 우연히 상점에 걸려 있던 거울을 보게 되었다. 10배로 나이가 뻥튀기 되어 할머니가 되어 버린 자신의 모습이 보였다.

"많다고 무조건 좋은 게 아니구나. 나이도, 돈도 차곡차곡 많아져야지, 뻥튀기 하니까 모든 게 엉망진창이네. 집으로 돌아가고 싶어."

금리가 엉엉 울며 눈물을 흘렸다. 그때였다.

뻥!

풍선이 터지는 소리에 금리는 눈을 질끈 감았다.

기축 통화 '기준'이 되는 돈, 달러

전 세계에는 다양한 돈이 사용되고 있어.
이 중에서 가장 많은 신뢰를 받는 돈이 있어.
바로 '달러'야.

달러가 가장 많은 신뢰를 받는 이유는
달러를 쓰는 나라인 미국의 경제가 안정적이기 때문이야.
다른 나라보다 믿고 거래할 수 있다는 뜻이지.

달러는 국가 간 금융 거래의 기본이 되는 돈이야.
어느 나라와 거래하든 공통으로 쓸 수 있지.

국가 간 거래에서
공통적으로 인정되는 통화를
'기축 통화'라고 해.

눈을 뜨니 자본주의 편의점 할아버지가 터진 풍선껌을 입에 문 채 금리를 바라보고 있었다. 할아버지가 풍선껌으로 풍선을 불다가 뻥 하고 터뜨린 모양이었다.

"할아버지!"

금리는 할아버지를 보고 반갑게 소리쳤다. 할아버지도 금리를 보며 웃었다.

"아유, 내가 적당히 분다는 게 너무 크게 불었나 봐요. 그나저나 어디 재밌는 데 다녀왔나요?"

금리는 할아버지의 말에 거울을 찾았다. 계산대 옆에 붙어 있는 거울에는 120살 할머니가 아니라 12살 금리의 모습이 비쳤다.

"후유, 다행이다. 할아버지, 저 이제 알았어요. 돈을 많이 만든다고 다 해결되는 건 아니란 걸요. 돈도 그렇고, 나이도 그렇고 뭐든지 많다고 좋은 게 아니라는 걸요."

금리는 할아버지에게 꾸벅 인사를 드린 후 문을 열고 쪼르르 자기 방으로 건너갔다. 할아버지는 순식간에 넘어간 금리를 보며 씨익 미소를 지었다.

"오랜만에 질문을 받나 했는데 이제 알아서 해결도 하고, 철이 들었네. 잘 들었어. 문 닫는 거 잊어버리는 것만 빼면 말이지."

할아버지는 기지개를 한번 크게 켠 후 편의점 문 쪽으로 걸어갔다. 그러고는 열려 있던 문을 닫았다.

끼이익, 쾅.

문이 닫힌 후 편의점 문의 색깔이 점점 옅어지더니 이내 문 밖의 풍경이 비칠 정도로 완전히 투명해져서 사라졌다. 편의점에서 팔랑팔랑 떨어지던 지폐와 돈 세는 소리도 점차 희미해지더니 사라졌다.

　돈으로 만들어진 커다란 문이 있는 특별한 편의점 이야기, 어떠셨나요? 그런데 왜 이름이 자본주의 편의점이냐고요? 그건 우리가 자본주의 사회에 살고 있기 때문이죠. 자본주의가 뭐냐고요? 자본주의는…… 돈! 맞아요, 돈입니다. 물건의 가치를 돈으로 정하고, 가격이 올라가거나 떨어지고, 돈이 점점 늘어나고! 그래서 자본주의가 뭐냐고요? 그 질문을 계속 가지고 있으면 제가 다시 나타날 거예요. 기발하고 재미있는 물건들이 가득하고 돈에 대한 환상과 진실을 만날 수 있는 곳, 언제 어디서 여러분 앞에 나타날지 모르는 이곳은.

안녕히 가세요,
여기는 돈 이야기가 가득한
자본주의 편의점입니다.

경제는 학교에서 배우는 것만으로
설명할 수 없는 것들이 너무 많다

대한민국 최초의 경제학 다큐멘터리로 제작했던 EBS 다큐프라임 〈자본주의〉. 1년 8개월간 세계 석학들을 만나고 자본주의를 탐구하며 제작한 이 프로그램은 10여 년의 시간이 지난 지금까지 '시대를 앞서간 경제 다큐'라는 타이틀을 달고 유튜브 누적 조회 수 2,500만 회를 기록하고 있습니다. 하지만 이 다큐멘터리는 사실 거창한 이유나 목적으로 시작된 것이 아니었습니다.

저도 경제에 무식했기 때문에 만든 것입니다. 경제는 '나와 상관없는 이야기'라고만 생각했던 무식한 아줌마 PD인 저도 살다 보니 경제를 알아야만 하는 순간을 마주할 수밖에 없었습니다. 집을 구매할 때만 떠올려 보아도 누구는 집값이 내려갈 것이라고 하고, 누구는 집값은 절대 내려가지 않는다고 했습니다. 누구는 A 지역이 좋다고 하고, 누구는

B 지역이 좋다고 했죠. 누구는 대출을 받을 수 있는 만큼 받아 더 넓고 좋은 집을 사야 한다고 했고, 누구는 가진 돈에 맞춰 집을 구하라고 했습니다. 마음 같아서는 그냥 신상 가전제품 사듯 끌리는 집으로 확 계약해 버리고 싶었지만, 집값은 가전제품 값과 비교할 수 없죠. 결국 선택은 내 몫이고, 선택하기 위해서는 경제를 알아야 했습니다. 그렇게 경제에 관심이 생기자 의문은 끊이지 않았습니다.

'나는 남편과 맞벌이로 열심히 일하는데 왜 우리 집에는 돈이 안 모일까?'

'월급은 제자리인데 물가는 왜 계속 오르기만 하는 걸까?'

'우리나라 뉴스에서 왜 미국 금리 이야기를 이렇게 많이 하는 걸까?'

'통화 팽창, 공적 자금이라는 게 도대체 뭘까?'

답을 찾기 위해 많은 사람들에게 물어보고 자료를 찾아봤지만 속 시원하게 설명해 주는 건 없었습니다. 풀리지 않는 의문을 해소하기 위해 10여 년간 약 1천 권의 경제학 서적을 읽으며 느낀 건 답답함이었습니다. 이걸 알기 위해서는 저걸 먼저 알아야 했고, 저걸 알고 나면 이건 다르게 생각할 수 있다는 모호하고 혼란스러운 정보만 이어질 뿐이었습니다.

그래서 결심했습니다. 내가 명확하게 답해 주는 사람이 되자고. 나처럼 경제를 하나도 모르는 생초보도 쉽고 재미있게 경제를 알 수 있는 다큐멘터리를 만들자고 다짐했습니다. 그렇게 시작한 것이 EBS 다큐프라임 〈자본주의〉입니다. 10여 년간 쌓은 경제 지식을 가지고 세계 최고의 석학들에게 오늘날 세계 경제와 자본주의를 어떻게 바라보는지 물었습니다.

다큐멘터리를 만들며 걱정도 있었습니다. '사람들이 과연 이런 이야기를 좋아할까? 관심 있어 할까?'라며 마음을 졸였지만 결과는 대성공이었습니다. 전국 각지에서 뜨거운 반응과 분에 넘치는 감사 인사를 받으며 뿌듯하고 행복한 시간을 보냈습니다. 그 후 다큐멘터리를 좀 더 알기 쉽게 정리하고, 영상에 담기 어려웠던 내용까지 담은 책 『자본주의』가 나왔습니다.

책이 나온 후 가장 많이 받은 반응은 '이런 경제 지식을 알려 주는 교육을 좀 더 일찍 받았으면 좋았을 텐데……'였습니다. 사실 저도 이 말에 너무나도 공감합니다. '우리나라 학교에서는 학생들에게 국영수는 열심히 가르치면서 왜 경제 교육은 안 할까?'는 〈자본주의〉를 제작할 때부터 가지고 있던 의문이고, 간혹 가정에서 경제 교육을 시킨다는 경우를 만나도 그 내용을 들여다 보면 한 달 용돈을 주고는 어떻게 쓰는지 지켜보는 등 현명하게 소비하는 법을 가르치는 것에서 끝나는 경우가 많았기 때문입니다. 세 살 버릇은 여든까지 간다는 말이 있듯이 어릴 적 굳은 경제관은 아이의 평생을 좌우할 텐데 말이죠.

그래서 경제 교육 동화 『자본주의 편의점』을 집필했습니다. 이야기의 주인공은 초등학교 5학년인 '고금리'와 초등학교 2학년인 '고이득'입니다. 이 남매는 어리지만 돈을 좋아하고 신상 장난감을 좋아하는 물욕이 있는 아이들입니다. 또한, 소비의 유혹과 고난스러운 절약 속에서 고군분투하며 이 자본주의 세상에서 살아가는 수많은 어른들의 모습이 투영되어 있는 캐릭터이기도 합니다.

익숙한 편의점이라는 공간에 시간 여행이라는 판타지 요소를 더해 '자본주의 편의점'을 완성했고, 두 주인공이 이 편의점을 만나 자본주의란 무엇인지, 이 사회에서 경제적으로 가치 있는 덕목은 무엇이며 이를 어떻게 운용해야 하는지를 깨닫는 과정을 통해 함께 공부하며 성장할 수 있는 경제 교육 동화를 쓰려고 노력했습니다. 무엇보다 자본주의 사회에서 꼭 알아야 할 핵심 경제 지식을 담으려고 애썼습니다. 그렇게 2년여 동안의 집필을 거쳐 나온 것이 『자본주의 편의점』입니다.

원고를 마무리하고 가장 먼저 이제는 훌쩍 커 대학생이 된 아들에게 보여 줬습니다. 아들은 깜짝 놀라면서 대학생이 봐도 충분할 정도의 지식이 들어 있다며 유례없는 찬사를 보냈습니다. 아들에게 인정받은 원고에 훌륭한 일러스트와 과감한 편집이 어우러진 이 책은 훌륭한 어린이 경제 교육 기본서가 될 것이라고 자부합니다.

이 책을 통해 저는 아이들이 돈에 대해 잘 알게 되었으면 좋겠습니다. 또 돈 이야기를 어렵게 생각하지 않고 편하게 했으면 좋겠습니다. 돈이 없으면 생존이 위협받는 냉혹한 자본주의 사회에서 도태되지 않으려면 어떻게 나아가야 하는지 알 수 있는 경제 감각을 키울 수 있길 바랍니다.『자본주의 편의점』이라는 경제 교육 동화를 통해 어린이들이 돈이 돌아가는 원리를 깨쳐서 이 자본주의 세상을 멋지게 헤쳐 나가길 바랍니다.

금융 자본주의 사회, 우리 아이에게 무엇을 읽힐 것인가

초베스트셀러 『자본주의』로 전 국민의 경제 교육을 담당했던 정지은 PD가 이번에는 경제 동화를 펴냈다. 정지은 PD님께 동화를 한 편 썼으니 감수를 해 달라는 요청을 받고 '그냥 동화려니……' 생각하고 읽었는데 읽고 나니 스펙터클 TV 시리즈를 한 편 본 것 같았다. 드라마로 만들어도 좋을 정도로 시공간을 초월한 아이들의 모험담이 흥미진진하게 전개되었다.

무엇보다 인상적이었던 것은 이 동화에서 다루는 경제 지식의 수준이다. 초등학생뿐 아니라 대학생이나 성인이 읽어도 무방할 정도로 수준 높은 경제 지식이 곳곳에 들어 있다. 이보다 더 친절하게 설명할 수 없을 거라고 단언할 정도로, 어려운 경제를 아이들의 눈높이에 맞춰 쉽고 재미있게 풀어냈다. 우리 집의 세 아이에게도 어서 읽히고 싶다는 생각이 든다.

부끄럽지만, 이 책에 들어간 한 에피소드는 내가 젊은 시절에 겪었던 사건이기도 해서 반면교사가 되기도 했다. 또 '어렸을 때 이 책을 만났다면 겪지 않았을 텐데……'라는 생각에 살짝 웃음이 나기도 했다. 그런 면에서 이 책은 가장 훌륭한 가상체험형 경제 교육서라고 생각한다.

미국 연방준비제도 이사회 의장을 역임하며 '세계의 경제 대통령'이라 불리던 앨런 그린스펀은 "문맹은 생활을 불편하게 하지만 '금융 문맹'은 생존을 불가능하게 한다."라고 말했다. 우리나라의 중앙은행으로 한국 경제의 중심이라 불리는 한국은행에서 일하면서 경제 교육의 필요성을 점점 더 실감하고 있다. 금융의 규모와 개념이 확장되면서 금융지능의 중요성이 날이 갈수록 높아지는 이 시기에 이렇게 수준 높은 경제 교육 동화가 출간된 것을 다시 한번 반기며 어린이와 청소년, 그리고 부모님들께 이 책을 자신 있게 추천한다.

초판 1쇄 발행 2024년 12월 27일

지은이 정지은·이효선
그린이 김미연
감　수 이성환

펴낸이 김남전
편집장 유다형 | 편집 이경은 김아영 | 디자인 양란희
마케팅 정상원 한웅 정용민 김건우 | 경영관리 김경미

펴낸곳 ㈜가나문화콘텐츠 | 출판 등록 2002년 2월 15일 제10-2308호
주소 경기도 고양시 덕양구 호원길 3-2
전화 02-717-5494(편집부) 02-332-7755(관리부) | 팩스 02-324-9944
홈페이지 ganapub.com | 포스트 post.naver.com/ganapub1
페이스북 facebook.com/ganapub1 | 인스타그램 instagram.com/ganapub1

ISBN 979-11-6809-150-4 (74320)
　　　979-11-6809-149-8 (세트)

KC
· 제조자명: ㈜가나문화콘텐츠
· 주소 및 전화번호: 경기도 고양시 덕양구 호원길 3-2 / 02-717-5494
· 제조연월: 2024년 12월 27일
· 제조국명: 대한민국
· 사용연령: 4세 이상 어린이 제품

가나출판사는 당신의 소중한 투고 원고를 기다립니다. 책 출간에 대한 기획이나 원고가 있으신 분은
이메일 ganapub@naver.com으로 보내 주세요.